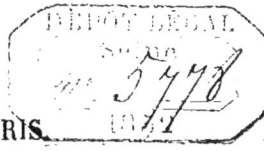

FACULTÉ DE DROIT DE PARIS.

DE LA

QUOTITÉ DISPONIBLE

ENTRE ÉPOUX.

THÈSE POUR LE DOCTORAT,

PAR

Ernest JACQUEMAIN,

Avocat à la cour d'appel de Paris.

PARIS,

IMPRIMERIE DE MOQUET,

rue de la Harpe, 92.

1862.

DE

LA QUOTITÉ DISPONIBLE

ENTRE ÉPOUX.

L'acte public sur les matières ci-après sera soutenu
le Mercredi, 11 août 1852, à 7 heures et demie

Président, M. PELLAT, doyen.

SUFFRAGANTS
{
MM. VALETTE
OUDOT,
ORTOLAN,
ROUSTAIN,
}
Professeurs

Suppléant.

Le candidat répondra en outre aux questions qui lui seront faites
sur les autres matières de l'enseignement.

DE LA

QUOTITÉ DISPONIBLE

ENTRE ÉPOUX.

———

Le code Napoléon ne consacre que deux articles à la matière qui fait le sujet de cette dissertation (1). Un tel laconisme est d'autant plus regrettable que l'application des règles qu'a tracées la loi fait naître de très sérieuses difficultés. Il est peu de points dans notre droit qui donnent lieu à de plus graves controverses parmi les jurisconsultes, et qui se pré-

(1) Art. 1094 et 1098.

1

sentent plus fréquemment devant les tribunaux. Aussi n'est-ce pas sans appréhension que nous abordons un sujet devant lequel nous eussions reculé sans sa grande utilité pratique.

Avant de nous occuper exclusivement de la quotité disponible entre époux, nous dirons quelques mots des donations entre époux, de la quotité disponible ordinaire, des diverses matières enfin qui se rattachent d'une manière directe à celle que nous nous proposons d'étudier spécialement. Nous passerons successivement en revue le droit romain, l'ancien droit français, le droit intermédiaire, enfin la législation actuelle.

DROIT ROMAIN.

Nous trouvons dans le droit romain peu de documents concernant le sujet que nous avons à traiter. A Rome, en effet, le père de famille pouvait disposer gratuitement de tous ses biens ; et ce n'est que plus tard, à la fin de la république, ou au commencement de l'empire, qu'il peut être question de *légitime* et de *quotité disponible* (1). Sans doute, il y eut à toutes les époques des incapacités de disposer ou de recevoir à titre gratuit ; mais ces

(1) Ces expressions de *légitime* et *quotité disponible* ne sont

incapacités n'avaient nullement été introduites en considération de certaines personnes.

C'est ainsi que, entre mari et femme, les donations entre-vifs étaient prohibées d'une manière absolue à cause de l'influence de l'un des époux sur l'autre (1). Par quelque acte qu'elles eussent été faites, ces donations étaient frappées de nullité (2); et elles étaient nulles, non-seulement quand elles étaient faites aux époux eux-mêmes, mais encore quand elles étaient faites à des personnes interposées (3), ou d'une manière indirecte (4).

Mais si les époux ne pouvaient rien se donner

pas très exactes. Les textes du Droit romain ne s'en servent pas. On y lit bien *portio*, *quarta pars legitimæ hereditatis*, ou autres périphrases analogues, mais jamais simplement *legitima* ; et on n'y trouve pas davantage les mots *quotité disponible*. Toutefois, nous nous servons de ces expressions, parce qu'elles traduisent exactement notre pensée, et qu'elles sont employées d'ailleurs par les commentateurs.

(1) Dig. *De don. inter vir. et ux.*, 1.

(2) *Id.* 3, 10.

(3) *Id.* 3, 9.

(4) Il y avait cependant quelques exceptions pour certaines libéralités qui n'avaient pas le double effet d'appauvrir le donateur et d'enrichir le donataire, par exemple la donation d'un esclave pour l'affranchir, celle d'un lieu pour sépulture, etc. (Dig. *de don. inter vir. et uxor.* 5, §§ 8 à 16).

entre-vifs, il leur était du moins permis de se faire
des legs ou des donations *à cause de mort*, pourvu
que le donateur demeurât, jusqu'à son décès, propriétaire des objets donnés. De cette manière, ces
donations ne produisaient d'effet qu'à une époque
où le mariage était dissous ; c'est le motif qui les
avait fait autoriser (1). Par une raison analogue,
les époux pouvaient confirmer par testament
les donations qu'ils s'étaient faites entre-vifs, et
qui, sans cette confirmation, eussent été frappées
de nullité ; car ces libéralités, comme les donations à
cause de mort et les legs, ne produisaient d'effet
qu'après la dissolution du mariage.

Cette législation fut en vigueur jusqu'à un sénatus-consulte rendu sur la proposition d'Antonin
Caracalla. Ce sénatus-consulte permit aux époux
de se faire des donations entre-vifs, en ce sens
du moins que la propriété était immédiatement
transférée au donataire. Toutefois ces libéralités
étaient révocables au gré du donateur ; mais s'il
mourait sans avoir manifesté sa volonté à cet égard,
elles se trouvaient validées (2).

(1) Dig. *De donat. inter vir. et uxor.* 9, 2.10.

(2) Dig. *De don. inter vir. et ux.*, 32, 2. — On s'est demandé si les donations permises entre mari et femme par le S.-
C. de Caracalla étaient des donations *à cause de mort.* Nous ne

Il est bien entendu que, lorsque nous parlons de donations entre époux, nous supposons qu'ils sont *sui juris* .

Du reste, même au cas où la femme était *mater familias*, elle ne pouvait pas recevoir de son mari sans limites. A Rome, en effet, les femmes étaient frappées d'une certaine incapacité : d'après la loi *voconia*, plébiscite porté l'an de Rome 585, dans le but d'arrêter les progrès du luxe, elles ne pou-vaient pas recevoir par testament plus de 25,000 sesterces.

La tutelle perpétuelle à laquelle les femmes étaient soumises dans l'origine du droit romain, moins *propter animi levitatem* (1) que dans le but de conserver les biens dans la famille, influait aussi sur leur capacité. Elles ne pouvaient pas aliéner ni tester sans l'autorisation de leur tuteur. Cette tu-telle commença à s'adoucir même sous la républi-que; mais ce ne sont que les *lois caducaires* qui ont porté la première atteinte directe à la tutelle des

le pensons pas ; car ces donations étaient soumises à l'insinua-tion dont étaient dispensées les donations *à cause de mort*. La question est importante ; car si ces libéralités étaient *à cause de mort*, elles devenaient caduques par le prédécès du donataire.

(1) *Gaius*, I, 144.

femmes, en en libérant celles qui avaient un certain nombre d'enfants.

Les *lois caducaires, Julia et Pappia, Poppea,* rendues sous Auguste, avaient pour but de favoriser les mariages, et de repeupler l'empire décimé par les discordes civiles et les guerres extérieures. Elles frappaient d'incapacité tous ceux qui, à un certain âge, n'étaient pas mariés, ou les gens mariés qui n'avaient pas d'enfants. Les célibataires ne pouvaient rien recueillir des legs ou des successions qui leur étaient déférées. Les époux sans enfants ne pouvaient recevoir d'un étranger que la moitié de ce qui leur avait été donné ou légué (1); et pour empêcher d'éluder la loi au moyen d'un fidéicommis, le sénatus-consulte pégasien étendit cette prohibition aux fidéicommis (2), et plus tard on l'étendit aux donations à cause de mort (3). D'un époux à l'autre, l'incapacité était plus large encore ; ils ne pouvaient recevoir, quand ils n'avaient pas d'enfants, que le dixième de ce qu'ils s'étaient légué, plus l'usufruit du tiers du surplus des biens du prédécédé (4). Cependant plusieurs modifications furent

(1) *Gaius.* II, 286.

(2) *Ibid.*

(3) Dig. *De mort. caus. don.* 35, Pr.

(4) *Frag. Ulp.* xv. *De decimis.*

faites à ce principe. Ainsi les enfants issus d'un mariage précédent, et survivants, autorisaient leur auteur à recevoir de son conjoint un dixième de plus par chaque enfant. Il en était de même des enfants issus d'un mariage commun, mais qui étaient prédécédés.

Les lois caducaires ne furent formellement abolies que par Justinien. Mais avant lui déjà, l'un des fils de Constantin avait rendu la capacité de recevoir aux célibataires et aux personnes mariées sans enfants. L'esprit du Christianisme était en effet radicalement opposé à celui qui avait dicté les lois caducaires ; et nous verrons bientôt que les empereurs chrétiens firent de nombreuses constitutions pour entraver les secondes noces.

Il fut porté à différentes époques, dans le but d'empêcher que les pères de famille ne mourussent *ab intestat*, plusieurs lois restrictives de la faculté de léguer : la loi *Furia*, qui défendait de léguer à la même personne plus de mille as (1), la loi *Voconia* qui défendait de léguer à une seule personne plus que ne prenait l'héritier (2), enfin la loi *Falcidia* (3). Cette

---

(1) An de Rome 571 ; 183 av. J.-C. — *V. Gaius*. II, 225.
(2) An de Rome 585 ; 169 av. J.-C. — *V. Gaius*. II, 226.
(3) An de Rome, 714 ; 40 de J.-C. *V. Gaius*. II, 227.

dernière loi défendait de léguer plus des trois quarts des biens : l'héritier devait avoir au moins le quart de l'hérédité ; et s'il y avait plusieurs héritiers institués, il devait leur rester au moins le quart de leur portion héréditaire *ab intestat* (1). Les dispositions de la loi *Falcidia* faites pour les legs seulement furent plus tard étendues aux donations entre époux (2).

Une autre loi, la loi *Cincia*, imposait un taux aux donations : excepté à quelques personnes, et notamment à certains parents du donateur, elle défendait de donner au-delà d'une valeur déterminée, dont le *quantum* est resté inconnu (3).

Nous avons dit déjà que le droit primitif n'imposait aucune restriction au père de famille pour la disposition de ses biens. Les enfants eux-mêmes n'y avaient aucun droit. La loi des XII tables était inflexible : *uti legassit super pecunia tutelave suæ rei, ita jus esto.* Mais plus tard on chercha à éviter que la fortune du père de famille passât tout entière en des mains

(1) *Inst.* II, 22, Pr.
(2) Dig. *De don. inter vir. et ux.*, 32, 1.
(3) *Paul. Frag. Vatic..* §§ 298 et suiv.

étrangères. Les prudents imaginèrent d'abord *l'ex-hérédation*, c'est-à-dire l'obligation pour le *pater familias* d'instituer ou d'exhéréder ses enfants ; ils pensaient qu'un père hésiterait à flétrir ainsi ses enfants par une exclusion formelle. En présence de l'insuffisance de cette mesure, ils introduisirent la *plainte d'inofficiosité* qui avait pour fondement cette idée que le père de famille qui, sans motifs, privait certains parents de sa succession *ab intestat* n'était pas entièrement sain d'esprit. Lorsque ces parents, qui étaient les descendants, les ascendants, et, dans un cas, les frères et sœurs (1), s'étaient rendus coupables d'ingratitude envers le *de cujus*, (2) ils n'avaient point d'action. Mais dans le cas contraire, ils attaquaient le testament dans lequel ils étaient injustement exhérédés ou omis, et le faisaient annuler comme inofficieux.

La plainte d'inofficiosité donna naissance à une nouvelle théorie, celle de la *portion légitime*. Il serait difficile de préciser par quelle gradation et à quelle époque cette théorie s'introduisit (3) ; mais

(1) Quand on leur avait préféré des personnes *turpes*.
(2) Les causes d'ingratitude n'étaient pas déterminées.
(3) Cette époque est au moins contemporaine de Paul. — *V. Sent.* IV, 5. 10.

voici très probablement quelle en est l'origine. On se demanda si, dans le cas où les parents auxquels cette plainte était ouverte avaient été institués pour une portion minime de l'hérédité, le testament pouvait ou non être attaqué comme inofficieux. En admettant l'affirmative, quelle portion de biens fallait-il que le testateur eût laissée, pour que le testament ne pût pas être attaqué? Ces questions ne furent pas résolues dans le principe; c'était aux juges à apprécier si les libéralités du testateur envers les plaignants étaient ou non suffisantes pour satisfaire aux devoirs de la piété entre parents. Il n'y avait donc pas de part qui fût détermiée d'une manière certaine; mais depuis la loi Falcidie dont nous avons parlé, cette portion fut fixée au quart de l'hérédité. On ne sait pas positivement si la loi Falcidie contenait ou non une disposition formelle à cet égard: le fait est qu'on attribua aux héritiers du sang auxquels l'action d'inofficiosité était ouverte le même droit qu'aux héritiers institués, et qu'ils dûrent toujours avoir, dans les biens du défunt, le *quart* de la portion héréditaire qui leur fût revenue *ab intestat,* si le défunt n'eût pas fait de testament. Telle est l'origine de ce que les commentateurs ont appelé la *légitime.*

Nous pouvons maintenant parler de *quotité dis-*

ponible. Voilà bien en effet la fortune du *pater familias* divisée en quelque sorte en deux parties :
l'une, la *légitime*, doit appartenir nécessairement
à certains parents ; la loi prive le propriétaire du
droit d'en disposer, et cela en considération de
ces parents ; l'autre partie (qu'on appellera, si l'on
veut, la *quotité disponible*), peut être laissée par le
père de famille à qui bon lui semble. Nous avons
bien jusqu'ici vu de nombreuses incapacités de disposer à titre gratuit d'une partie de sa fortune ;
mais, nous l'avons dit, la loi n'avait pas introduit ces
incapacités dans l'intérêt de certaines personnes.
Nous avons vu que les jurisconsultes avaient
cherché à entraver le droit de disposer de son patrimoine d'une manière absolue ; mais les moyens
employés par eux n'étaient que des entraves que le
chef de famille pouvait lever à volonté. Ce n'est
donc, répétons-le, qu'à l'occasion des testaments
inofficieux que la théorie de la *quotité disponible* et
de la *légitime* a pris naissance.

La *légitime*, la *quarte-légitime*, comme les textes
l'appellent quelquefois, devait être laissée entière
par le testateur ; ou du moins, il fallait qu'il eût
formellement ajouté à sa disposition qu'en cas d'insuffisance, on la compléterait ; sinon, l'action pour

cause d'inofficiosité était ouverte (1). Mais il n'était pas nécessaire que la portion légitime fût laissée à titre d'héritier : elle pouvait être conférée par legs, par fidéicommis, ou autre disposition semblable (2).

La légitime ne se calculait que sur les biens laissés au décès, sur les legs, les donations à cause de mort, les fidéi-commis. Le nom, du reste, l'indique assez : *quarta pars legitimæ hereditatis,* le quart de l'hérédité légitime *ab intestat,* c'est-à-dire le quart des biens laissés par le défunt dans la succession. On ne tenait donc aucun compte des donations entre vifs ; le père de famille pouvait disposer de toute sa fortune de cette manière. Plus tard cependant il y eut une action d'inofficiosité contre les donations entre vifs, mais dans le cas seulement où le donateur n'avait ainsi disposé que pour frustrer les légitimaires (3).

Justinien apporta dans ses Novelles plusieurs modifications aux règles de la légitine. La quotité en fut augmentée en faveur des enfants, et fixée ,

(1) Cod. Théod. 2, 19, 4.

(2) Dig. *De b. p. contra. tab.* 8.

(3) *Frag. Vatic.* 270.

lorsqu'ils étaient plus de quatre, à moitié, et, dans le cas contraire, au tiers de la succession (1). Il voulut même que la légitime des fils et des filles de décurions fût des trois quarts des biens de leur père (2). La légitime ne put plus être laissée aux enfants et descendants par legs ou toute autre disposition semblable; il fallut absolument les instituer, ne fût-ce que pour un objet particulier, et alors ils n'eurent à demander, en cas d'insuffisance, qu'un supplément de légitime. Les causes d'ingratitude qui autorisaient le tuteur à priver ses descendants de sa légitime, et qui auparavant étaient indéterminées, furent spécifiées et fixées (3).

Nous n'avons trouvé aucun texte qui distinguât la quotité de biens qu'on pouvait donner à son con-

(1) Nov. 18, chap. 1er. — Cette disposition aboutissait à un résultat assez bizarre : s'il y avait cinq enfants, chacun d'eux avait plus que s'il n'y en avait que quatre, ce qui était évidemment contraire à l'intention du législateur.

(2) Nov. 18, chap. 2. — Certains interprètes pensent même que cette augmentation de légitime appartenait aux ascendants et aux frères et sœurs des décurions, lorsqu'on leur avait préféré des personnes *turpes*.

(3) Nov. 115, chap. 5.

joint de celle dont on pouvait disposer à l'égard de toute autre personne. Par conséquent, tout ce que nous venons de dire relativement à la légitime et à la quotité disponible s'appliquera aussi bien aux dispositions entre époux qu'à celles faites par le *pater familias* à un étranger.

Mais dans le bas-empire, les empereurs chrétiens établirent, dans l'intérêt des enfants d'un premier lit, certaines incapacités à l'égard des personnes qui voulaient convoler à de secondes noces. C'était d'ailleurs l'esprit du christianisme d'entraver les seconds mariages; de nombreuses constitutions sont relatives à ce sujet. Nous ne pouvons donc plus dire ici que la quotité disponible entre époux est la même que la quotité disponible au profit de toute autre personne; car celui qui se remariait, ayant des enfants d'un premier lit, ne pouvait pas donner à son second conjoint tout ce dont il aurait pu disposer en faveur d'un étranger.

Gratien, Valentinien et Théodose, après avoir maintenu la note d'infamie qui existait déjà contre la veuve qui convolait dans l'année de deuil (1), déclarèrent que les veuves qui se remarieraient, ayant

----

(1) Cod. liv. v, tit. ix, *De secund. nupt.* Const. 1.

des enfants d'un premier mariage, ne pourraient rien donner à leurs nouveaux maris des biens provenant du premier. Elles étaient tenues de les réserver aux enfants nés de leur première union. Elles pouvaient toutefois jouir de ces biens pendant leur vie; mais si elles en aliénaient quelques-uns, elles étaient obligées de les remplacer avec leurs propres biens (1).

Théodose et Valentinien étendirent ces dispositions aux libéralités faites par des maris ayant des enfants d'un autre lit à leurs nouvelles épouses (2). Ils permirent néanmoins au parent qui se remariait de distribuer à son gré aux enfants de son premier mariage, les biens qu'il était tenu de leur réserver. — Justinien, dans ses novelles, priva le parent, qui s'était remarié du droit de distribuer à son choix entre les enfants du premier mariage, les biens qu'il était forcé de leur conserver (3). — Enfin Léon et Anthémius établirent que l'époux ayant des enfants d'un précédent mariage ne pourrait donner

(1) Cod. *de Sec. Nupt.* Const. 3.

(2) Cod. *id.* Const. 5.

(3) Nov. 2. chap. 1.—22, chap. 25.

à son nouvel époux qu'une part d'enfant le moins prenant(1).

ANCIEN DROIT

FRANÇAIS.

L'ancienne France était régie par deux législations bien différentes : au midi le droit romain, au nord, les coutumes. Les provinces du midi s'appe-

---

(1) Cod. liv. v, tit. ix. *De secund. nupt.* Const. 6.
Justinien vint au secours d'un époux survivant obligé de vivre dans la pauvreté, tandis que son conjoint avait laissé une succes-

2

laient pays de droit écrit, celles du nord, pays de droit coutumier

Dans les pays de droit écrit, les bases de l'association conjugale étaient le régime dotal des Romains, c'est-à dire, la pensée de la conservation de la dot, la séparation du patrimoine des époux. Si le mari, qui devait pourvoir aux charges du ménage, et jouissait à cet effet de la dot de la femme, augmentait sa fortune, la femme n'en profitait pas ; mais à la mort du mari, comme il fallait que la femme survivante pût vivre honorablement, elle prenait, en plus de sa dot, une partie de la fortune du mari : c'est ce qu'on appelait l'*augment de dot*. Cet augment était *légal* ou *conventionnel*. Le *quantum* en était proportionné à la dot qu'avait apportée la femme, et variait suivant la nature de cette dot : si elle était immobilière, l'augment était ordinairement du tiers; si elle était mobilière, de la moitié.

sion considérable. Par sa nov. 53, chap. 6, il attribua dans ce cas au survivant le quart de la succession du prédécédé, mais en usufruit seulement, quand il y avait des enfants issus du mariage. Peu après, dans sa nov. 117, chap. 5, il ne conserva plus cette institution qu'en faveur de la femme. Seconde innovation malheureuse qui détruisit le principe d'égalité qui doit régner entre les époux.

Lorsqu'il n'y avait pas d'enfants issus du mariage, la veuve prenait l'augment en pleine propriété; mais s'il y avait des enfants, elle n'avait qu'un droit d'usufruit. Cependant, si elle ne se remariait pas, on lui accordait en propriété une part virile calculée d'après le nombre des enfants.

A côté de l'augment, se trouvait le *contre-augment*, qui était pour le mari ce que l'augment était pour la femme : il permettait au mari de retenir une partie de la dot de la femme. Il faut lui appliquer d'ailleurs ce que nous venons de dire de l'augment; ces deux gains de survie étaient, pour ainsi dire, identiques.

Nous avons parlé ci-dessus de la novelle 53 de Justinien relative à la quarte du conjoint pauvre. Ses dispositions furent adoptées dans les pays de droit écrit, et maintenues tant en faveur du mari qu'en faveur de la femme, contrairement à ce qui arriva dans le droit romain.

On suivit aussi, quant à la légitime des ascendants et des descendants, les principes de la novelle 18 de Justinien que nous avons énoncés déjà. La légitime devait rester intacte. «Si le père, dit Lapeyrère (1), a légué à sa femme l'usufruit par entier

(1) V° *Legitime*, n° 35.

de ses biens , ses enfants jouiront néanmoins de leur légitime, tant en propriété qu'en usufruit, sans que l'usufruitier puisse rien prétendre sur la propriété du restant, encore bien que l'usufruitier ait été chargé de la nourriture et de l'entretien des enfants. » Et cette doctrine protégeait aussi bien la légitime des ascendants que celle des descendants.

La plainte d'inofficiosité accordée par le droit romain aux frères et sœurs du testateur, quand celui-ci avait institué *turpes personnas*, était aussi maintenue dans les provinces de droit écrit.

Enfin on observait les règles de cette législation sur l'invalidité des donations entre-vifs faites entre mari et femme pendant le mariage, et sur l'incapacité partielle dérivant des secondes noces.

Dans les pays de droit coutumier, l'association conjugale était régie différemment que dans les pays de droit écrit. Le régime de la communauté de biens y était à peu près exclusivement en vigueur. Là le mari était seigneur et maître de la communauté qui se composait du mobilier des époux, des revenus de leurs biens propres, et des acquêts faits pendant le mariage. Le mari administrait de plus

les biens propres de la femme qui ne tombaient
point dans la communauté (1).

De même que, dans les pays de droit écrit, la femme survivante obtenait sur les biens de son mari un
augment proportionné à la dot, de même, dans les
pays de droit coutumier, elle obtenait un *douaire*
qui était pour elle, dans le régime de la communauté, ce que l'augment était dans le régime
dotal.

Le douaire, comme l'augment, était *conventionnel* ou *légal*. Ce dernier consistait, dans la plupart

(1) Le mot *propres* a différents sens suivant les différentes
matières. En matière de communauté, on appelle propre tout
ce qui n'entre pas en communauté : c'est pourquoi les *acquéts* que chacun des conjoints a faits avant le mariage sont
appelés *propres de communauté*, parce qu'ils n'y entrent
pas. En matière de succession ou de donation, on appelle *propres* les immeubles qui nous sont échus de la succession de quelques-uns de nos parents ou donnés par eux. Les *acquéts* sont
les immeubles qui ne nous viennent point de famille, et que nous
avons acquis nous-mêmes à titre gratuit ou onéreux. Les
conquéts sont les *acquéts* faits durant la communauté par l'un
ou l'autre des conjoints. Ainsi les biens qui leur arrivent à titre
de succession ne peuvent être *conquéts* parce qu'ils leur sont
propres, et non *acquéts*.

des coutumes, dans l'usufruit de la moitié des héritages qui appartenaient au mari au jour du mariage, ou qui lui échéaient depuis en ligne directe (1).
Il différait donc de l'augment qui avait pour gage
tous les biens laissés par le mari. Le douaire conventionnel comprenait les biens qu'il plaisait aux
parties, d'après les arrangements pris par elles dans
leur contrat de mariage.

Nous n'avons pas à traiter longuement la matière
du douaire ; elle ne se rattache pas d'une manière
bien directe à notre sujet. En effet, le douaire même
conventionnel, n'était pas considéré comme une libéralité que le mari faisait à sa femme. « Quoique,
dit Pothier (2), le douaire soit pour la femme un
titre lucratif, en ce sens qu'elle ne donne rien pour
et à la place de ce quelle reçoit à ce titre, néanmoins le douaire ne peut être regardé comme une
donation que le mari fasse à sa femme. Une donation est une libéralité qu'on fait à quelqu'un sans
y être obligé, *liberalitas nullo jure cogente facta.*
C'est ce qu'on ne peut pas dire du douaire. Suivant
nos mœurs, et suivant l'origine du douaire (3), un

(1) *V*. art. 248 de la coutume de Paris.
(2) *Traité du douaire*, 1ᵉ part., chap. ɪ, art. 2.
(3) Ce n'est pas dans le Droit romain, mais plutôt dans les

homme, en épousant une femme, contracte l'obligation de pourvoir sur ses biens, après sa mort, à la
subsistance de sa femme, au cas qu'elle lui survive.
La loi laisse aux parties la liberté de régler elles-
mêmes, par leur contrat de mariage, ce que l'homme
doit laisser à sa veuve pour cela : ce qu'elles ont
réglé est le douaire conventionnel. Lorsque les parties ne l'ont pas réglé par leur contrat de mariage,
la loi le règle elle-même, et ce que la loi règle est
le douaire coutumier. De là il suit que le douaire
soit coutumier, soit même conventionnel, n'est pas
une donation, puisque ce n'est pas *liberalitas
nullo jure cogente facta*, et que tant l'un que l'autre procède d'une obligation que l'homme contracte
par le mariage envers sa femme en l'épousant. »

Puisque le douaire n'était pas une donation, les
biens qu'il comprenait ne devaient pas être impu-
tés sur la quotité disponible, et n'étaient pas en
principe sujets à retranchement pour la légitime
des enfants. Il est un cas cependant où le douaire
conventionnel était réputé donation pour tout ce
dont il excédait le douaire légal : c'est le cas où le
mari avait des enfants d'un précédent mariage. Il

coutumes des peuples Germains qui vinrent s'établir dans la
Gaule, qu'il faut chercher l'origine du douaire.

était alors, pour l'excédant, sujet au retranchement auquel étaient soumises les donations faites à une seconde femme, d'après l'édit des secondes noces, ainsi que nous le verrons plus loin. Il eût été trop facile autrement d'éluder la défense de l'édit : un homme qui se remarie n'aurait eu qu'à déguiser sous le nom de donation les avantages immenses qu'il aurait faits à sa seconde femme, au préjudice des enfants du premier lit.

Il n'y avait pas, dans les pays coutumiers, de droit analogue au contre-augment des pays de droit écrit : il n'y avait pas de douaire en faveur du mari survivant. Cette absence de réciprocité s'explique naturellement par les différences qui séparaient le régime dotal du régime de la communauté. Sous le régime dotal, chaque époux conservait ses biens ; il y avait entre eux une égalité parfaite ; il devait, par conséquent, y avoir pour eux des droits de survie égaux. Au contraire, sous le régime de la communauté, tous les avantages étaient pour le mari ; on comprend dès lors que la femme seule ait été favorisée, en ce qui concerne le gain de survie légal.

Les pays de coutume n'admettaient pas davantage la quarte du conjoint pauvre. Elle n'était point utile comme dans les provinces régies par le droit

écrit, parce que la femme survivante avait ordinairement, outre son douaire, la moitié de la communauté, et que le mari avait aussi la moitié de cette
communauté.

Arrivons aux donations entre époux.

Ici encore, comme en droit romain, nous n'avons
que peu de mots à dire, dans le cas du moins où il
n'existe pas d'enfants de précédents mariages. D'a-
bord la plupart des coutumes défendaient absolument, pendant le mariage, toute libéralité directe
ou indirecte entre mari et femme (sauf le *don mutuel* que nous allons voir bientôt) (1). Pour celles-
là, il est évident qu'il n'y a pas à parler de quotité
disponible entre époux.

Quant aux coutumes qui autorisaient les donations
entre époux, elles variaient à l'infini dans leurs dispositions. Il y en a qui permettaient les donations testamentaires, mais qui défendaient les donations entre-vifs, et encore parmi celles-là, il y a des distinctions à faire. Certaines coutumes n'autorisaient les
dispositions testamentaires que quand il n'y avait pas
d'enfants. Il en est, d'un autre côté, qui permettaient
aux conjoints de se donner par testament comme à des
étrangers, tandis que d'autres apportaient certaines

(1) *V.* Cout. de Paris, art. **282**.

restrictions ; la coutume de Reims, par exemple(1), autorisait bien les conjoints à se léguer l'un à l'autre leurs meubles et conquêts en propriété ; mais elle ne leur permettait de se léguer que la moitié des biens à eux appartenant avant leur mariage, et en usufruit seulement. Il est aussi des coutumes qui permettaient aux conjoints les donations entre-vifs comme les donations testamentaires , pourvu que le disposant fût mort sans les avoir révoquées. (2). D'autres coutumes autorisaient toute espèce de libéralités ; mais il y en a qui, bien que permettant au mari de faire à sa femme donation entre-vifs de tous ses biens, défendaient à la femme de rien donner à son mari (3).Quelquefois les époux pouvaient, quand ils n'avaient pas d'enfants, se donner l'usufruit de leur meubles acquêts, et du tiers de leurs propres (4), ou du quart de leurs propres (5).Quand ils avaient des enfants, ils ne pouvaient rien se donner de leurs propres, et étaient obligés de réserver sur leurs acquets la légitime des enfants (6).

(1) *V*. Cout. de *Reims*, art. 291.
(2) *V*. Cout. de *Poitou* et de *Tourraine*.
(3) *V*. Cout. d'*Auvergne*.
(4) *V*. Cout. d'*Angoumois*.
(5) *V*. Cout. de *Montfort*.
(6) Cout. de *Noyon*.

On voit combien étaient différentes les dispositions des coutumes qui autorisaient les libéralités
entre époux, et combien une telle variété devait of-
frir de difficultés. Quand on voulait savoir de quelle
quotité des conjoints pouvaient disposer, s'il leur était
permis de se donner tel ou tel bien, quelle était la
coutume qu'on devait consulter? Il faut distinguer : Si le bien qui faisait l'objet de la donation
était un immeuble, c'était la loi du lieu où il était
situé qui décidait si les époux pouvaient ou non s'en
faire donation. S'il s'agissait de meubles, c'était la
loi du domicile du conjoint auquel les biens appartenaient qui décidait si la donation entre époux en
était valable. Et remarquons que, si la forme em-
ployée était la donation entre vifs, il fallait consulter
la coutume du domicile des conjoints au moment de
la donation; tandis que si l'on avait employé la
forme testamentaire, le testament n'était valable
qu'autant que le conjoint disposant avait, au moment de sa mort, son domicile dans une coutume
qui permettait ces dispositions.

Nous avons dit que le *don mutuel* n'était pas
compris dans la prohibition des libéralités entre
époux consacrée par la plupart des coutumes. Pothier

définit le don mutuel qui était le plus particulièrement en usage : « Un don entre-vifs égal et réciproque, que deux conjoints par mariage se font réciproquement l'un à l'autre, à défaut d'enfants de l'un et de l'autre, et au cas de survie, de l'usufruit des biens de leur communauté, aux charges portées par les coutumes. » On voit clairement, d'après cette définition, ce qu'était le don mutuel dans le plus grand nombre des coutumes (1). Il n'était permis que dans le cas où les époux n'avaient pas d'enfants lors de la mort du prédécédé. Les conjoints ne pouvaient se donner que les biens de leur communauté, et en usufruit, et il fallait une égalité parfaite dans ce que l'un des époux donnait à l'autre. Ils n'étaient pas saisis de plein droit des biens donnés : il fallait opérer la délivrance. Enfin ils devaient caution. Mais auraient-ils pu être dispensés par une clause expresse de fournir cette caution ? Il faut distinguer selon les coutumes. Dans la coutume de Paris et autres semblables, où le don mutuel n'était permis qu'en usufruit, cette dispense n'eût pas été valable(2). Mais dans les coutumes qui l'autorisaient

---

(1) *V.* Coutume de *Paris*, (art. 280). — Cout. d'*Orléans*.
(2) *Ricard. Don mutuel.* n° 207 et 208.

en pleine propriété, l'époux survivant eût été valablement dispensé de fournir caution, quoique la donation ne fût qu'un usufruit. On comprend en effet que celui qui pouvait disposer de ses biens en pleine propriété en faveur de son conjoint, pût *à fortiori* lui en donner l'usufruit en le dispensant de fournir caution.

La coutume de Paris autorisait encore les conjoints à se faire pendant le mariage une autre espèce d'avantage mutuel (1). D'après cette coutume, il pouvait intervenir entre les père et mère et leurs enfants qu'ils marient une sorte de don mutuel qui comprenait, en faveur du conjoint survivant qui ne se remarierait pas, l'usufruit de la portion du prédécédé dans les biens de la communauté. C'était comme une récompense accordée aux parents pour la dot dont ils se désaisissaient de leur vivant envers leurs enfants.

Les dispositions ci-dessus n'étaient pas adoptées par toutes les coutumes qui permettaient le don mutuel. Ici, comme pour les donations entre époux proprement dites, l'ancienne législation présentait la plus grande variété. Certaines coutumes autorisaient le

(1) *V.* art. 280.

don mutuel, soit qu'il y eût ou non des enfants (1).
D'autres exigeaient que les époux fussent à peu près
égaux en âge (2). Il y en a qui saisissaient le donataire immédiatement après le décés du donateur (3),
ou qui n'exigeaient une caution que dans le cas où
l'époux se remariait (4). Quelquefois un deuxième
mariage faisait perdre le don mutuel à l'époux qui
avait des enfants. (5) Il est une coutume qui
contenait une disposition toute particulière: elle ne
permettait aux conjoints de donner quelque chose
pendant le mariage que par une donation mutuelle
confirmée par un testament mutuel, ou par un testament mutuel précédé d'une donation (6). Il était
permis, d'après certaines coutumes, de faire entrer
dans le don mutuel une partie des acquêts et même
des propres, de disposer en propriété, etc. Enfin il
est des coutumes qui n'admettaient pas le don mutuel (7).

(1) *V*. Cout. de *Reims* et de *Péronne*.
(2) *V*. Cout. d'*Auxerre*.
(3) *V*. Cout, du *Bourbonnais*.
(4) *V*. Cout. de *Blois*.
(5) *V*. Cout. de *Bretagne*.
(6) *V*. Cout. de *Dunois*.
(7) *V*. Cout. de *Chartres*, d'*Auvergne*, de *Poitou*, etc.

Il est inutile de dire que, lorsque les coutumes autorisaient les libéralités entre époux, la légitime ne pouvait jamais être entamée. Dans le droit coutumier, la plupart du temps, les ascendants n'avaient pas de légitime : quant à celle des descendants, elle était, d'après la coutume de Paris, et le plus grand nombre des autres, de la moitié de ce qu'ils auraient eu, si leur auteur n'avait pas disposé. Les frères et sœurs n'avaient pas la plainte d'inofficiosité; mais, en retour, on avait établi, sous le nom de *réserve coutumière*, une sorte de légitime en faveur de tous les héritiers d'une ligne, qui leur garantissait les quatre cinquièmes des propres advenus au défunt par cette ligne et par droit de succession (1).

Jusqu'ici, en étudiant les cas où les donations entre époux étaient autorisées, et la quotité de biens qu'ils pouvaient se donner, nous avons supposé constamment qu'il n'existait pas d'enfants de précédents mariages. Nous allons voir maintenant l'hypothèse inverse; et, ici, nous trouverons, pour

(1) On voit que, dans le Droit coutumier, on parlait de *réserve* et de *légitime*. Le code Napoléon a conservé le mot de réserve; mais il n'a plus le sens que lui donnaient les anciens auteurs. Notre réserve se rapproche beaucoup plus de la légitime du droit romain que de la réserve du droit coutumier.

le sujet qui nous occupe, des documents importants. En effet, la doctriue du Code Napoléon, sur
cette matière, a été puisée entièrement dans l'*édit
des secondes noces*. Nous étudierons donc les prin-
cipales dispositions de cet édit, ainsi que les articles
des coutumes qui les ont reproduites.

L'*Édit des secondes noces*, rendu sous Fran-
çois II, en 1560, sur la proposition du chancelier
de l'Hospital, avait pour objet de restreindre , en
faveur des enfants que des femmes avaient eus d'un
précédent mariage , les libéralités excessives par
elles faites aux hommes qu'elles épousaient en mariage subséquent. Cet édit, outre un préambule,
contenait deux chefs.

Le préambule indiquait les motifs qui avaient dicté
l'édit (1).

(1) *Préambule.* — « Comme les femmes veuves ayant enfants
sont souvent invitées et sollicitées à nouvelles noces, et ne con-
naissant pas être recherchées plus pour leurs biens que pour
leurs personnes, elles abandonnent leurs biens à leur nouveau
mari, sous prétexte et faveur du mariage ; leur font des donations immenses, mettent en oubli les devoirs de la nature envers
leurs enfants, de l'amour desquels tant s'en faut qu'elles s'en
dussent éloigner par la mort du père, que les voyant destitués du
secours et aide de leur père, elles devraient par tous moyens

Le premier chef (1) défendait à la femme qui, ayant des enfants d'un précédent mariage, en contractait un autre, de donner à son second ou subséquent mari plus qu'à celui de ses enfants habiles à lui succéder qui prenait la moindre part. Le 1e^r chef de l'édit ne parlait que la femme ; mais, d'après la juris-

s'exercer à leur faire double office de père et de mère ; desquelles donations, outre les querelles et divisions entre mari et enfants, s'ensuit la diminution des bonnes familles, et conséquemment diminution de la fortune de l'état public ; à quoi les empereurs ont voulu pourvoir par plusieurs bonnes lois et constitutions sur ce par eux faites ; et nous, entendant l'infirmité du sexe avons loué et approuvé icelles lois, etc. »

(1) *V*. Cod. De secundis nuptiis, c. 6, hac edictali.... *Léon* et *Anthémius.*

1er *chef.*— « Ordonnons que les femmes veuves ayant enfant ou enfants, ou enfants de leurs enfants, si elles passent à nouvelles noces, ne pourront, en quelque façon que se soit, donner de leurs biens, meubles, acquêts ou acquis par elle, d'ailleurs que de leurs premiers maris, ni moins leurs propres, à leurs nouveaux maris, pères, mères ou enfants des dits maris, ou autres personnes qu'on puisse présumer être par dol ou fraudes interposées, plus que l'un de leurs enfants, ou enfants de leurs enfants ; et s'il se trouve division inégale de leurs biens faite entre leurs enfants, ou enfants de leurs enfants, les donations faites par elles à leurs nouveaux maris seront réduites et mesurées à la raison de celui des enfants qui aura le moins. »

prudence, les hommes étaient aussi compris dans cette disposition.

Tous les avantages entre mari et femme étaient réductibles en vertu de l'édit : ainsi, les donations même mutuelles, le douaire accordé à la femme pour tout ce dont il excédait le douaire légal. D'après Pothier, on devait même considérer comme avantage réductible celui qui résultait de ce que la femme qui se remariait avait apporté dans la communauté plus que le second mari, soit qu'elle l'eût apporté expressément, soit qu'elle eût omis de se réserver comme biens propres ce qu'elle avait en mobilier de plus que l'apport du second mari ; et celui-ci n'eût pas été reçu à alléguer que son industrie, quelle qu'elle fût, suppléait à ce qu'il apportait de moins.

Pour que la donation fût réductible, il n'était pas nécessaire qu'elle fût faite au second mari lui-même. Elle devait être réduite toutes les fois qu'elle était faite à des *personnes qu'on pouvait présumer être par dol ou fraude interposées.*

Il est bien certain, que pour qu'on pût appliquer l'édit, il fallait que quelqu'un des enfants du précédent mariage eût survécu au conjoint disposant ; car la loi n'ayant été faite qu'en leur faveur, elle cessait s'il ne s'en trouvait aucun au moment où

la loi pouvait avoir son effet. Mais il n'était pas nécessaire qu'ils fussent héritiers.

Le second époux ne pouvait pas, d'après l'édit,
prendre plus que celui des enfants qui avait le
moins. Il faut entendre cette règle en ce sens que
chaque enfant avait au moins sa légitime. Car si un
enfant voulait bien se contenter de ce qui lui aurait
été donné ou légué par sa mère, quoique de moindre
valeur que sa légitime, la part du second mari ne
devait pas se régler sur celle que prenait cet enfant,
mais sur celle qu'il eût eu le droit d'avoir. Quand
la succession se partageait par souches, le second
mari pouvait prendre autant que la souche qui
avait le moins.

Lorsqu'une donation faite à un second conjoint
excédait les bornes fixées par l'édit, le donataire
n'en était pas moins propriétaire de la totalité. Seulement la loi accordait aux enfants une action révocatoire pour faire retrancher de la donation l'excédent, action qui pouvait être exercée contre les
tiers détenteurs des héritages compris dans la donation. Les biens ainsi retranchés ne faisaient point
partie de la succession de la femme qui les avait donnés à un second mari ; car ils avaient cessé de lui appartenir, et le retranchement se faisait au profit des

enfants et non au profit de la femme. Il en résultait que les enfants pouvaient prendre part à ces biens sans être héritiers de leur mère. Ils ne pouvaient pas y renoncer de son vivant; cette renonciation, du moins, eût été sans effet, parce qu'on eût présumé qu'elle n'était pas libre.

Le retranchement ne profitait pas exclusivement aux enfants du premier lit. « Quoique, dit Ricard (1), l'édit n'ait eu en vue de subvenir qu'aux enfants des précédents mariages, néanmoins les enfants du dernier mariage doivent partager avec eux les biens retranchés, quoiqu'ils n'y auraient eu aucun droit s'ils eussent été seuls ; n'étant pas nouveau en droit qu'on ait du chef d'un autre ce qu'on n'aurait pas eu de son chef. » Bien plus, nous croyons que l'action révocatoire ayant été une fois ouverte par suite de la présence d'enfants du premier mariage, les enfants du second lit auraient pu l'exercer, quand même ceux du premier ne l'auraient pas fait (2).

Pour juger s'il y avait lieu au retranchement de de la donation faite par la femme à son second mari, et jusqu'à quelle concurence, il fallait liquider la succession de cette femme, faire une estimation de tous les biens dont elle se composait, et examiner à

(1) *Ricard*, p. III, n° 1288.
(2) *V. Pothier*. Cout. d'Orléans, chap. IX.

quelle somme montait la part de l'enfant qui y prenait le moins, part qui devait servir de mesure à la donation faite au second mari. On estimait ensuite les biens compris dans cette donation, afin d'apprécier si elle excédait la valeur de cette part d'enfant. Ces estimations se faisaient eu égard à la valeur des choses au temps de l'ouverture de la succession de la femme ; pourvu, si elles avaient été détériorées depuis la donation, que ce ne fût pas par la faute du mari donataire, et, si elles avaient augmenté de valeur, que ce ne fût point à raison de ses soins et de ses dépenses. Et cette règle devait s'observer, soit que le second mari eût conservé les biens donnés, soit qu'il les eût aliénés (1).

Le sens de la règle du premier chef de l'édit est que la femme ne pouvait donner que la valeur d'une part d'enfant à tous ses maris; de manière que, si elle l'avait déjà donnée au second, elle ne pouvait plus rien donner aux autres (2).

Le 2e chef (3) de l'édit des secondes noces décla-

(1) *V. Pothier*, Contrat de mariage, 7e part., chap. 11, 575 et suiv.

(2) *V.* aussi dans ce sens les coutumes de Paris et d'Orléans.

(3) *V.* cod. *De secundis nuptiis*, c. 3, *Feminœ*....., Gratien, Valentinien et Théodose.

rait que tout ce qu'une femme avait reçu d s *dons et libéralités* de son défunt mari, devait être entièrement réservé aux enfants de son premier mariage, sans qu'elle en pût rien donner à ses autres maris. Il en était de même pour les hommes.

La jurisprudence entendait par ses mots *dons et libéralités* non seulement les donations proprement dites, mais aussi tous les avantages résultant des conventions matrimoniales. Ainsi quoique, dans le premier chef de l'édit, on ne regardait point comme un avantage en faveur de la femme, le douaire d'une somme d'argent jusqu'à concurrence de la valeur du douaire légal, néanmoins ce douaire qu'une femme avait eu de son premier mari était censé compris dans la disposition de second chef, et devait être réservé aux enfants du premier mariage (1).

2ᵉ *chef.* — « Au regard des biens à icelles veuves acquis par dons et libéralités de leurs défunts maris, icelles n'en peuvent et ne pourront faire part à leurs nouveaux maris; ainsi elles seront tenues les réserver aux enfants communs d'entre elles et leurs maris, de la libéralité desquels iceux biens leur seront advenus; le semblable voulons être gardé ès bien qui sont venus aux maris par dons et libéralités de leurs défuntes femmes, tellement qu'ils n'en pourront faire don à leur seconde femme; mais seront tenus les réserver aux enfants qu'ils auront eus de leur première. »

(1) *V. Ricard* p. III. nº 1345.

Il en était de même de l'avantage qui résultait pour un époux de ce que son défunt conjoint avait apporté plus que lui en communauté (1).

La femme donataire était, en quelque sorte, d'après le second chef de l'édit, chargée de substitution au profit des enfants. On supposait que le mari ne lui avait donné les biens que sous l'obligation de les restituer à sa mort à leurs enfants communs, dans le cas où elle se remarierait. Mais la femme restait propriétaire de ces biens jusqu'à sa mort; et si ses enfants mouraient avant elle, la disposition qu'elle en avait faite soit au profit d'étrangers, soit au profit de son mari, était valable. A la mort de la femme, la substitution, était ouverte au profit des enfants du premier mari donateur, qui étaient censés tenir les biens directement de lui ; d'où il résultait qu'il n'était pas nécessaire, pour qu'ils les recueillissent, qu'ils fussent héritiers de leur mère, et que les enfants du second mariage n'y avaient aucune part.

Les coutumes avaient reproduit les dispositions de l'édit des secondes noces; elles en avaient même étendu le deuxième chef (2).

(1) *V. Pothier*. cout. d'Orléans. tit. **X**. chap. 9.
(2) Cout de *Paris*, (art. 279.) Cout. d'*Orléans*, (art. 203)

Elles défendaient en effet à la femme de disposer au profit d'un second ou subséquent mari des *conquêts faits avec un précédent*, c'est-à-dire des biens compris dans sa part de la communauté qui avait existé entre elle et son premier mari. Elle pouvait en disposer au profit d'un étranger, mais sans diminuer la part qui devait revenir dans sa succession aux enfants de son premier mariage. On s'explique cette disposition en remarquant que, quoique ces biens ne pussent pas être considérés comme ayant été donnés par le mari à sa femme, cependant c'était grâce aux soins du mari que la communauté avait prospéré; il avait donc contribué à enrichir sa femme.

Par ces mots : *quant aux conquêts faits avec son précédent mari,* la coutume entendait même le mobilier de la première communauté. Le terme *d'acquêts* comprenait les meubles. Cela a été jugé par

« Femme qui se remarie en secondes ou autres noces, ayant enfants, ne peut avantager son second ou autre subséquent mari, de ses propres et acquêts, plus que l'un de ses enfants de son premier, second ou autres mariages, pouvait prendre en sa succession après son décez. Et quant aux conquests faits avec ses précédents maris, elle n'en peut aucunement avantager son deuxième ou autres maris. Toutefois peut disposer d'iceux à autres personnes, etc. »

un arrêt de 1695 rendu sur les conclusions de
Daguesseau. (1)

Les auteurs n'étaient pas d'accord sur le point de
savoir si la disposition de la coutume s'appliquait
au mari comme à la femme.

Il ne nous reste plus, pour terminer ce que nous
avons à dire sur l'ancien Droit Français, qu'à parler des avantages indirects entre époux.

Les dispositions législatives qui défendaient les
libéralités entre mari et femme, soit d'une manière
absolue, soit dans de certaines limites, eussent été
superflues, s'il eût été possible aux époux de s'a-
vantager par une voie détournée; ils n'eussent pas
manqué d'éluder journellement la loi. Aussi les
coutumes s'occupaient-elles, pour les proscrire,
des libéralités faites indirectement; quelle que fût la
forme qu'elles eussent revêtue.

Un moyen que les époux eussent fréquemment
employé pour s'avantager contrairement aux prescriptions de la loi, c'eût été de déguiser la donation
sous la forme d'un contrat à titre onéreux. La
plupart des coutumes dès lors prohibaient absolument entre mari et femme tous les contrats qui

(1) *V.* 41. plaidoyer de Daguesseau. t. IV de ses œuvres.

pouvaient produire ce résultat(1). On citerait une infinité de faits renfermant des avantages indirects entre époux : par exemple, l'acte par lequel un des conjoints reconnaîtrait avoir reçu de l'autre plus qu'il n'a effectivement reçu, ou avoir apporté moins que ce qu'il a apporté réellement ; la fausse énonciation du prix porté dans le contrat de vente d'un héritage propre de l'un des époux ; les fonctions d'exécuteur testamentaire conférées par un époux à l'autre, avec dispense de rendre compte, etc. Tous ces actes ou autres analogues, tendant à faire indirectement ce que la loi défendait directement, étaient interdits d'une manière absolue.

Il en était de même des donations qui auraient été faites à des *personnes interposées* ; de telles dispositions étaient nulles. Ainsi un mari n'aurait pas pu licitement donner quelque chose à un tiers avec qui il aurait fait une convention secrète qu'il le rendrait à sa femme ; les héritiers du mari auraient été admis à prouver la fraude et à déférer le serment. Bien plus, il n'aurait pas pu léguer des biens, quoique n'ayant en aucune façon imposé au légataire l'obligation de les restituer à sa femme, s'il

(1) *V. Dumoulin*, sur l'art. 256 de l'ancienne cout. de Paris, n°s 4 et 5.

n'avait fait ce legs que dans la confiance que le légataire devinerait facilement son intention, et rendrait
les biens à sa femme. Le légataire aurait dû répu-
dier ce legs comme contraire à la loi; s'il ne le faisait
pas, les héritiers du disposant auraient été reçus
à demander qu'il jurât précisément que c'était pour
lui qu'il réclamait le saisissement du legs, et non
dans la vue de le faire passer à la veuve (1).

Il va sans dire que tout ceci s'appliquait aux
libéralités qu'une femme aurait voulu faire à son
mari, comme à celles d'un mari à sa femme.

Quid des donations qu'aurait faites un époux à des
personnes dont son conjoint était l'héritier présomptif ? Quelques coutumes les prohibaient comme
faites à des personnes interposées (2). Mais en général, elles n'étaient point défendues. On les expliquait suffisamment par l'affection qu'on porte aux
parents de son conjoint. Néanmoins, pour celles qui

(1) *Pothier.* Don. entre mari et femme. chap. II.

(2) *V.* Cout. d'*Auvergne.* cout. de *Bourbonnais.*

« Le mari, durant le mariage, ne peut faire aucune association, donation, ni autre contrat au profit de sa femme, enfants
de sadite femme d'autre lit, ni autres auxquels elle doive succéder *immediate*; *nec e contra* la femme au mari, à ses enfants,
ou autres èsquels le mari doive succéder. »

étaient faites aux ascendants de son époux, il y avait plus de doute. Elles devaient être prohibées, selon nous, puisque les biens des ascendants devant passer à leurs enfants, c'était en réalité exactement comme si l'on donnait à son conjoint.

Quant aux donations faites par un époux aux enfants de son conjoint nés d'un précédent mariage, la coutume de Paris ne les défendait qu'autant que cet époux avait lui-même des enfants, soit communs, soit d'une autre union. Mais pour les autres coutumes qui, sans s'expliquer davantage, défendaient purement et simplement les donations entre mari et femme, il a été jugé maintes fois que l'un des conjoints, ayant ou non des descendants, ne pouvait faire aux enfants que son époux avait eus d'un précédent mariage les donations que la loi lui défendait de faire à cet époux. Il est bien évident que cette règle ne s'appliquait qu'autant que l'époux présumé donataire était vivant au moment de la donation faite à ses enfants. S'il était prédécédé, le motif unique qui faisait prohiber la donation n'existant plus, rien ne s'opposait à ce que les enfants du premier lit profitassent de la libéralité qui leur était faite par leur beau-père ou par leur belle-mère (1).

(1) *V. Pothier.* Don. entre mari et femme. §§. 78 et suiv.

DROIT

INTERMÉDIAIRE.

On sait qu'on donne le nom de *droit intermé-*
diaire à l'ensemble des lois qui ont été portées depuis
la révolution de 1789, jusqu'à la rédaction du Code
Napoléon. L'esprit général de ces lois (de celles du
moins relatives à la disposition des biens), fut de
restreindre dans les limites les plus étroites la faculté de disposer, d'accorder à tous les héritiers du
même degré une égale part des biens, de modifier
profondément, en un mot, les divers modes de trans-
mission par donation ou par succession. Nous passerons en revue celles des lois transitoires relatives
aux dispositions entre époux ; et nous pouvons dire
dès maintenant, que ces lois se montrèrent beaucoup moins sévères que l'ancien droit.

La première loi qui s'offre à nous est celle du 5 *brumaire an II.*

Elle était ainsi conçue :

« Les avantages stipulés entre les époux encore existants, soit par leur contrat de mariage, soit par des actes postérieurs ou qui se trouveraient établis dans certains lieux par les coutumes, statu's ou usages, auront leur plein et entier effet. Néanmoins, s'il y a des enfants de leur union, ces avantages, au cas qu'ils consistent en simple jouissance, ne *pourront s'élever au-delà de la moitié du revenu des biens délaissés par l'époux décédé* ; et s'ils consistent en des dispositions de propriété, soit mobilière, soit immobilière, ils seront restreints à l'usufruit des choses qui en sont l'objet, sans qu'ils puissent jamais excéder la moitié du revenu de la totalité des biens. — La même disposition aura lieu à l'égard des institutions, dons ou legs faits dans des actes de dernière volonté, par un mari à sa femme, ou par une femme à son mari, dont les successions sont ouvertes depuis la promulgation de la loi du 7 mars dernier (!). »

Ces dispositions furent reproduites presque tex-

(1) Art. 2 et 3.

tuellement dans la loi du 17 *nivôse an II*. Cette loi, élaborée par les soins de la Convention, la plus radicale qui ait jamais été portée sur les successions, consacrait parmi les héritiers le principe de l'égalité la plus absolue. Le droit de disposer était restreint au dixième des biens, si l'on avait des héritiers en ligne directe, et au sixième si l'on n'avait que des héritiers collatéraux, mais sans qu'on pût donner à aucun de ses successibles cette minime partie de sa fortune (1).

La loi du 7 nivôse offrait cette particularité qu'elle avait un effet rétroactif : elle annulait toutes les dispositions qui étaient contraires à ses prescriptions et qui avaient été faites depuis le 14 juillet 1789 (2).

Nous n'avons pas à apprécier ici les motifs qui ont pu porter le législateur de 1793 à briser ainsi des droits acquis, contrairement à tous les principes de législation ; remarquons seulement que,

(1) Art. 16.

(2) Art. 1er. — « Les donations entre-vifs faites depuis et compris le 14 juillet 1789 sont nulles. — Toutes celles au même titre légalement faites antérieurement sont maintenues. Les institutions contractuelles et toutes dispositions à cause de mort dont l'auteur est encore vivant, ou n'est décédé que le 14 juillet 1789, ou depuis, sont nulles, quand même elles auraient été faites antérieurement. »

moins sévère que le droit coutumier pour les dispositions entre époux, il fit une exception en leur
faveur (1). L'effet rétroactif de la loi du 17 nivôse
ne les atteignait pas, si ce n'est dans le cas où les
époux avaient des enfants, soit de leur mariage, soit
d'un précédent. Alors la loi réduisait tous les gains
de survie à une part en usufruit qui ne pouvait
excéder la moitié ; mais pour l'avenir elle autorisait
les dispositions entre époux, sauf que, dans le cas
d'enfants, elles seraient réduites à l'usufruit de la
moitié des biens. Les gains de survie coutumiers
dont nous avons parlé disparurent : plus de douaire,
plus d'augment, plus de contre-augment, plus
de quarte en faveur du conjoint pauvre. La loi nou-

(1) Art. 14. — « Les avantages légalement stipulés entre
époux dont l'un est décédé avant le 14 juillet 1789 seront maintenus au profit du survivant. A l'égard de tous autres avantages
échus et recueillis postérieurement, ou qui peuvent avoir lieu à
l'avenir, soit qu'ils résultent des dispositions matrimoniales, soit
qu'ils proviennent d'institutions, dons entre-vifs, ou legs faits
par un mari à sa femme ou par une femme à son mari, ils obtien-
dront également leur effet, sauf néanmoins leur conversion ou
réduction en usufruit de moitié, dans le cas où il y aurait des enfants conformément à l'art. 13 ci-dessus. »

L'art. 13 n'est que la reproduction de l'art. 2 de la loi du 5
brumaire cité plus haut.

velle, en les détruisant pour le passé, ne les admit plus pour l'avenir qu'au moyen de la convention des époux.

Après la promulgation de la loi du 17 nivôse, on se demanda si le don de l'usufruit de moitié stipulé entre époux pouvait concourir avec le don du dixième ou du sixième des biens autorisé par cette loi en faveur d'autres personnes que les successibles. Cette question fut résolue affirmativement (1).

Il est facile d'apprécier maintenant les innovations apportées par la législation nouvelle. Dans l'ordre de sa faveur, elle préférait les époux aux héritiers collatéraux, et les héritiers collatéraux aux étrangers. Quand un mari sans enfants avait gratifié sa femme de l'universalité de ses biens, ses héritiers n'avaient rien à prétendre; s'il en avait gratifié un étranger, les héritiers pouvaient demander la réduction jusqu'à concurrence du sixième. Il résulte de là que, quand il y avait concours de libéralités faites par un défunt au profit de sa femme et au profit d'étrangers, celles faites au profit d'étrangers étaient seules susceptibles de réduction, et même d'être anéanties en totalité, si, déduction faite de

(1) *V*. L. du 22 ventôse, an II.

4

ce qui était donné à la femme, il ne restait pas les 5/6 des biens pour les héritiers (1). Quand l'époux disposant avait des enfants, il ne pouvait donner à son conjoint que la moitié de ses biens en usufruit.

Il est important de remarquer que les lois transitoires ne distinguaient pas, pour régler la quotité disponible entre époux, si les enfants qui existaient étaient communs aux deux conjoints, ou s'ils étaient nés de mariages précédents.

Nous arrivons à la loi du *4 germinal, an VIII*. Cette loi ne changea rien aux principes qui réglaient les dispositions entre époux ; mais nous croyons pourtant utile de la rapporter, parce qu'elle changea radicalement les règles de la quotité disponible ordinaire. Elle était ainsi conçue : « Article 1er. — A compter de la publication de la présente loi, toutes libéralités qui seront faites, soit par actes entre-vifs, soit par actes de dernière vo-

(1) L. du 18 pluviôse, an V, art. 6.

« Les avantages entre époux, maintenus par les art. 13 et 14 de la loi du 17 nivose, sur l'universalité des biens de l'auteur de la disposition, ne s'imputent point sur le 6e ou le 10e déclaré disponible entre toutes personnes par l'art. 16 de la même loi, et n'entrent point en concurrence avec les autres légataires, dans la distribution au marc la livre ordonnée par l'art. précédent. »

lonté, dans les formes légales, seront valables lorsqu'elles n'excéderont pas le quart des biens du disposant, s'il laisse à son décès moins de quatre enfants ; le sixième s'il en laisse cinq ; et ainsi de suite, en comptant toujours, pour déterminer la portion disponible, le nombre des enfants, plus un. — 2. Sont compris dans l'article précédent, sous le nom d'enfants, les descendants à quelque degré que ce soit ; néanmoins, ils ne seront comptés que pour l'enfant qu'ils représentent dans la succession du disposant. — 3. Vaudront pareillement les libé. ralités qui seront faites dans les formes légales, soit par acte entre-vifs, soit par acte de dernière volonté, lorsqu'elles n'excéderont pas : la moitié des biens du disposant, s'il laisse soit des ascendants, soit des frères ou sœurs, soit des enfants ou petits-enfants des frères ou sœurs ; les trois quarts, lorsqu'il laisse soit des oncles ou grands-oncles, tantes ou grand' tantes, soit des cousins germains ou cousines germaines, soit des enfants desdits cousins et cousines.— 4. A défaut de parents dans les degrés ci-dessus exprimés, les dispositions à titre gratuit pourront épuiser la totalité des biens du disposant. — 5. Les libéralités autorisées par la présente loi peuvent être faites au profit des enfants ou autres successibles du disposant, sans qu'ils soient sujets à rapport. — 6. Toutes lois contraires à la présente sont abrogées ; néanmoins, il n'est dérogé ni à celles qui règlent l'ordre des successions *ab intestat*, ni à celles qui concernent les dispositions entre époux. »

La loi du 4 germinal an VIII a une grande importance ; car non-seulement elle fut une sorte de satisfaction accordée aux vœux qui se manifestaient de toutes parts, mais elle servit encore de transition entre les lois révolutionnaires et le Code Napoléon.

CODE NAPOLEON.

Sous la législation du Code Napoléon, les donations sont permises entre époux : elles suivent des règles différentes selon qu'elles sont faites dans le contrat de mariage, ou pendant le cours du mariage.

La loi pose en principe que les époux peuvent

se faire, par contrat de mariage, *toutes les donations qu'ils jugent à propos*. Mais il ne faut pas prendre cette disposition à la lettre : le Code veut dire simplement qu'il est permis aux époux de se faire les libéralités qui pourraient leur être faites par des étrangers, c'est-à dire des donations ordinaires de biens présents (1), des donations de biens à venir(2), des donations de biens présents et à venir (3), enfin des donations dont l'exécution peut dépendre de la seule volonté du donateur (4). Ces quatre espèces de donations faites entre futurs époux, par leur contrat de mariage, suivent, en principe, les règles applicables aux libéralités qui leur seraient faites par toute autre personne.

Quant aux donations que les époux peuvent se faire pendant le mariage, la loi, à la différence des donations ordinaires, les déclare révocables au gré du disposant, et ce nonobstant toute clause contraire : on a craint l'influence des époux l'un sur l'autre. Mais, quoique, sous ce rapport, les donations entre époux se rapprochent des testaments,

(1) Art. 1081.
(2) Art. 1082 et 1083.
(3) Art. 1084 et 1085.
(4) Art. 1086.

elles n'en sont pas moins des donations entre-vifs, et restent soumises dès lors à toutes les règles générales auxquelles un texte spécial ne les soustrait pas.

Avant d'aborder la matière que nous devons spécialement étudier, c'est-à-dire la quotité de biens dont les époux peuvent disposer l'un à l'égard de l'autre, disons d'abord quelques mots de ce que la loi entend par *quotité disponible* et par *réserve*.

La loi partage le patrimoine en deux parties, dont l'une est disponible au gré du propriétaire, en sorte qu'il peut la transmettre ou à ses héritiers légitimes, ou à des donataires, ou à des légataires ; c'est ce qu'on appelle la *quotité disponible*; — la seconde partie, au contraire, est forcément attribuée à certains héritiers ; c'est ce qu'on appelle *la réserve*. Ces héritiers sont les descendants et les ascendants.

Quel a été le but de la loi en divisant ainsi les biens d'une personne en biens *disponibles* et biens *réservés* ? La loi a voulu, en permettant au père de famille de disposer d'une partie de sa fortune, lui fournir les moyens de maintenir ses enfants dans le respect qu'ils lui doivent ; elle a considéré la quotité disponible comme une sanction laissée entre les mains des ascendants de la bonne ou de la mauvaise conduite des enfants. Mais comme, d'un autre côté, il eût été à craindre que certaines personnes ne dépouillassent quelquefois leurs enfants sans motifs, la loi a établi la réserve. Les enfants auront nécessairement une partie des biens de leurs père et mère. Et cette disposition est fort juste ; car la réserve tient autant à la nature qu'au droit. Les enfants se sont habitués avec quelque raison à regarder la fortune de leur auteur comme la leur ; cette idée est dans nos mœurs ; ce serait, pour ainsi dire, les dépouiller que de permettre à cet auteur de les priver de tous ses biens. — Pour la réserve des ascendants, c'est comme une dette d'aliments sur la succession de l'enfant qui doit pourvoir à leurs besoins, même après sa mort.

Quant au chiffre de la quotité disponible et de la réserve, il nous est indiqué par les art. 913 à 916. En présence d'un enfant, la quotité disponible est de la moitié des biens ; elle est d'un tiers en présence de deux enfants, et d'un quart s'il y en a un plus grand nombre. Quand il ne reste que des ascendants, le disponible est de la moitié ou des trois quarts, selon qu'il y a des ascendants dans les deux lignes ou dans une seule. Enfin à défaut de descendants ou d'ascendants, le disponible embrasse la totalité des biens.

Voilà la théorie de la quotité disponible telle qu'elle est posée dans le chap. III du titre des donations.

Les art. 913 à 916 ne sont pas les seuls qui traitent de la quotité disponible. Les art. 1094 et 1098 s'en occupent aussi; mais ils tracent des règles différentes, applicables seulement à la quotité disponible entre époux. Ils prévoient trois hypothèses : la quotité disponible varie suivant que l'époux disposant a laissé soit des ascendants, soit des enfants issus de son mariage avec le donataire ou le légataire, soit des enfants nés d'un précédent mariage. Dans le premier cas, la loi nous dit que le conjoint peut obtenir ce que pourrait avoir un étranger et en outre l'usufruit de la réserve des ascendants ; dans le second, il peut recevoir ou un quart des biens en propriété et un quart en usufruit, ou la moitié en usufruit seulement. Enfin, dans le troisième, le nouvel époux peut avoir une part d'enfant légitime le moins prenant, pourvu que cette part n'excède pas le quart des biens (1).

(1) Il faut remarquer que le chiffre de la quotité disponible entre époux, de même que celui de la quotité disponible ordinaire ne peut être connu qu'au décès du disposant. C'est en

Telles sont les courtes dispositions par lesquelles
le Code Napoléon a réglementé la matière que nous
allons étudier. Nous diviserons notre sujet en deux
parties : dans la première, nous verrons les règles
du disponible entre époux, considéré en lui-même ;
dans la seconde, nous examinerons le disponible
entre époux, dans ses rapports avec le disponible ordinaire.

PREMIÈRE PARTIE.

DU DISPONIBLE ENTRE ÉPOUX,

CONSIDÉRÉ EN LUI-MÊME.

Cette première partie se divisera en deux chapitres :

considérant, d'une part, l'état de sa fortune à cette époque, et
d'autre part, le nombre et la qualité des personnes qui doivent
lui succéder, qu'on peut déterminer le *quantum* de la quotité
disponible. Ainsi, telle libéralité qui eût été excessive, si le disposant fût mort immédiatement, pourra être maintenue si, à son
décès, sa fortune s'est suffisamment augmentée, et *vice versa*.

On doit observer en outre que la quotité disponible entre

Dans le premier, nous verrons quelle est la quotité disponible entre époux, quand il n'existe pas d'enfants d'un premier mariage ; nous examinerons successivement le cas où les époux n'ont d'autres héritiers réservataires que des ascendants, et celui où ils ont des enfants communs, ainsi que quelques points s'appliquant également à ces deux hypothèses. Nous nous occuperons dans le second chapitre, du cas où le conjoint disposant a des enfants d'un précédent mariage.

CHAP. I.

QUOTITÉ DISPONIBLE ENTRE ÉPOUX, LORSQUE LE CONJOINT DONATEUR N'A PAS DE DESCENDANTS D'UN PRÉCÉDENT MARIAGE.

SECTION I.

Quotité disponible entre époux, lorsqu'ils n'ont pas d'enfants communs.

Lorsque les époux n'ont ni descendants ni ascen-

époux est indépendante de la nature des libéralités et de l'époque où elles ont été faites. Peu importe qu'elles le soient par testament, par acte entre-vifs, ou dans le contrat de mariage.

dants, il est évident qu'ils peuvent se donner la
totalité de leurs biens. Il n'y a pas à s'occuper de
la qualité du donataire. Toute personne qui n'a pas
d'héritiers réservataires peut donner toute sa fortune à qui bon lui semble, à son conjoint ou à un
étranger.

Mais quand l'époux donateur laisse des ascendants, il est obligé de leur réserver une certaine
portion de ses biens. Que peut-il, dans ce cas, donner
à son conjoint? Nous l'avons dit : tout ce qu'il pourrait donner à un étranger, et en outre l'usufruit de
la réserve des ascendants; c'est-à-dire d'une part, la
moitié ou les trois quarts en pleine propriété, suivant qu'il laisse des ascendants dans les deux lignes
ou dans une seule ; et d'autre part, l'usufruit de la
moitié ou du quart formant la réserve des ascendants. Ainsi l'époux qui a 200,000 fr. de fortune,
et qui laisse des ascendants dans les deux lignes ,
peut donner à son conjoint 100,000 fr. en pleine
propriété, et l'usufruit des autres cent mille francs.

Cette faveur accordée à l'époux d'avoir la jouissance
de la réserve des ascendants, est, dans notre droit,
une innovation notable, et peu heureuse, selon nous.
Dans le droit romain, comme dans notre ancienne
jurisprudence, la légitime des ascendants devait rester intacte, et participer sous ce rapport au bénéfice

des dispositions qui protégeaient la légitime des descendants. Mais aujourd'hui que laisse-t-on aux ascendants ? Une nue-propriété .. C'est là une disposition bien bizarre; car on conviendra que cette nue-propriété ne leur sera pas d'un grand profit. On a voulu sans doute conserver les biens dans la famille, mais on est arrivé à un résultat tout opposé. Les ascendants étant beaucoup plus âgés que leur bru ou leur gendre, il est plus que probable qu'ils mourront avant l'usufruitier de leur réserve, et dans cette prévision, ils vendront leur nue propriété, pour jouir avant leur décès. Les biens sortiront ainsi de la famille, et pour un bien mince profit; car tout le monde sait qu'une nue-propriété, quand l'usufruit repose sur une tête jeune, ne peut se vendre qu'à vil prix. Aussi tous les auteurs ont-ils critiqué cette disposition. « Il est véritablement dérisoire, dit Malleville (1), de renvoyer les ascendants, pour la jouissance de leur légitime, à la mort de leur gendre ou de leur belle-fille, qui ont ordinairement de moins qu'eux l'âge d'une génération.»

Il peut se présenter un cas où des ascendants

(1) II, p. 457.

n'ont pas de réserve, et où, par conséquent, un époux, en présence de ces ascendants, a le droit de donner à son conjoint comme à un étranger toute sa fortune. Ce cas est celui où les ascendants existants sont autres que les père et mère de l'époux décédé, et alors que celui-ci laisse des frères ou sœurs ou descendans d'eux. Nous voyons en effet à l'art. 750 que les frères ou sœurs ou leurs descendants sont préférés aux ascendants autres que les père et mère dans l'ordre des successions *ab intestat* : par suite, ces ascendants n'étant pas appelés à la succession, n'ont pas droit à une réserve. Mais comme, d'un autre côté, les collatéraux, même les frères ou sœurs, ne sont pas héritiers réservataires, il en résulte tout naturellement que, dans une telle hypothèse, le *de cujus* peut disposer en faveur de qui bon lui semble de la totalité de ses biens. C'est là évidemment une doctrine bizarre, et qu'on a vainement cherché à justifier. Mais il n'en est pas moins vrai que c'est celle du code, et qu'il est impossible de donner une autre solution. Toutefois, si les frères ou sœurs renonçaient, alors les ascendants se trouvant en ordre utile, et ayant, par suite, droit à une réserve, nous pensons que l'époux ne pourrait disposer que dans les limites de l'article 1094.

La loi, quand elle dit que l'époux sans enfants peut donner à son conjoint, outre la quotité disponible ordinaire, l'usufruit de la réserve des *héritiers*, se sert d'un terme impropre. Le mot *héritier*, est beaucoup trop large ; il eût fallu dire des *ascendants*, puisqu'il n'y a qu'eux et les descendants qui aient droit à une réserve. Cette mauvaise expression doit s'expliquer historiquement. Dans le système primitif du code, le disponible était : 1° du quart des biens, si le disposant laissait des descendants, sans aucune considération de leur nombre; 2° de la moitié, s'il laissait des ascendants, des frères ou sœurs ou descendants d'eux ; 3° des trois quarts, s'il laissait des oncles, grands oncles, ou cousins germains ; 4° enfin, de la totalité, à défaut des parents ci-dessus exprimés (1). Comme on le voit, une réserve était donnée, non pas seulement aux ascendants, mais aussi à un grand nombre de collatéraux. Alors dans ce système, la rédaction de l'article s'expliquait parfaitement : à

(1) *V. Fenet*, I, p. 370, art. 16.

défaut de descendants, l'époux pouvait donner à son conjoint ce qu'il pouvait donner à d'autres, et en outre, l'usufruit de la portion réservée aux *héritiers*. Mais aujourd'hui cette expression d'*héritier* est trop vague, puisqu'elle ne peut plus s'appliquer qu'aux ascendants.

Quoi qu'il en soit, on doit remarquer que, en présence d'ascendants, la quotité disponible en faveur d'un époux est plus considérable que celle disponible en faveur d'un étranger.

SECTION II.
Quotité disponible entre époux, lorsqu'ils ont des enfants communs.

Quand les époux ont des enfants communs, quelle est la portion de leurs biens qu'il leur est permis de se donner l'un à l'autre ? L'art. 1094 (2e al.) dit que, dans ce cas, ils peuvent se donner « ou un quart en propriété et un autre quart en usufruit, ou la moitié de tous leurs biens en usufruit seulement. »

Cette règle qui, au premier abord, peut paraître très simple, est le sujet d'une des controverses les plus graves et les plus difficiles auxquelles aient donné lieu les textes de nos lois. Comment en effet concilier cette·règle de notre art. 1094 avec celle de l'art 913 que nous connaissons? Une grande difficulté s'élève : La quotité déterminée par notre deuxième alinéa est-elle la seule que l'époux puisse jamais donner, ou bien forme-t·elle avec la quotité ordinaire de l'art. 913 une alternative offerte au choix de cet époux? Est-ce une quotité invariable qui sera, selon les cas, plus ou moins étendue que celle de l'art. 913; ou bien est-ce une simple faculté, un bénéfice dont l'époux usera s'il le veut, mais qu'il sera toujours libre d'abandonner pour rester dans le droit commun? Telle est la question qui se présente et que nous allons examiner.

Il s'est opéré, relativement à cette question, une sorte de revirement dans l'opinion des jurisconsultes. Une doctrine qui, autrefois, n'avait que bien peu de partisans, a, depuis quelques années, fait de rapides progrès. Pour nous, nous avouons humblement persister dans l'opinion qui naguère était presque unanimement admise par les auteurs, et qui l'est encore aujourd'hui par la jurisprudence. Nous pensons que la quotité disponible entre époux est invariable; que le *de cujus* n'ait laissé qu'un enfant, ou qu'il en ait laissé deux, trois, ou un plus grand nombre, le chiffre du disponible est, selon nous, toujours le même : c'est, dans tous les cas, un quart en pleine propriété et un quart en usufruit, ou la moitié en usufruit seulement.

Ainsi la quotité disponible entre époux est plus étendue que la quotité disponible ordinaire, lorsque le *de cujus* a laissé trois enfants ou un plus grand nombre. Nous savons en effet que l'homme qui a trois enfants ne peut donner à un étranger qu'un quart en pleine propriété, tandis qu'il peut en outre donner à sa femme un quart en usufruit. — Elle est plus considérable encore que la quotité ordinaire, lorsque le *de cujus* a laissé deux enfants. En effet, dans ce cas, un étranger peut recevoir seulement le tiers des biens: l'époux, lui, reçoit un quart en propriété et un quart en usufruit. Or, si, comme la jurisprudence (1), on estime l'usufruit moitié moins que la pleine propriété, il en résulte qu'un quart en usufruit, plus un quart en propriété valent 9/24es, tandis qu'un tiers en propriété vaut seulement 8/24es (2). — Au contraire la quotité disponible entre époux est moins étendue que la quotité dispo-

(1) *V.* L. du 22 Frimaire, an VII, art. 14.

(2) Ce mode d'évaluation de la jurisprudence est, du reste, assez singulier, selon nous. On ne peut apprécier exactement la valeur de l'usufruit comparée à celle de la pleine propriété, que d'après les circonstances du fait.

nible ordinaire, lorsque le *de cujus* ne laisse qu'un enfant. L'homme qui n'a qu'un enfant peut en effet donner à un étranger la moitié de ses biens en pleine propriété, tandis qu'il ne peut donner à sa femme qu'un quart en pleine propriété et un quart en usufruit, ou la moitié en usufruit. Le conjoint est donc ici traité plus défavorablement qu'un étranger. Il ne peut pas, selon nous, invoquer l'art. 913, et soutenir qu'il a le droit de conserver, dans la limite de la quotité disponible ordinaire, ce qui lui a été donné; car la quotité disponible est, à son égard, fixée par l'art. 1094, et nous prétendons que l'art. 913 lui est complétement étranger. C'est la thèse que nous allons essayer de soutenir.

Et d'abord, quand on lit les articles 1094 et 1098, on est forcé de reconnaître que ces deux articles paraissent contenir une exposition complète, et organiser, pour la matière des donations entre époux, un système absolu et tout-à-fait indépendant des règles posées dans le chap. III du titre des donations. La loi, dans ce dernier chapitre, a pour objet de fixer en règle générale la portion de biens disponible. Mais le chap. 9, spécialement relatif aux dispositions entre époux, n'est-il point une exception à cette règle? En faisant ainsi un chapitre séparé, pour régler ces dispositions, le législateur n'a-t-il pas manifesté clairement sa volonté de déterminer la quotité disponible entre époux, non seulement d'une manière distincte, mais encore par des règles diffé-rentes? Les art. 1094 et 1098 règlent toutes les hypothèses possibles du disponible entre époux. Ils prévoient le cas où l'époux donateur meurt sans enfants, avec ou sans ascendants ; le cas où il laisse des enfants issus de son mariage avec l'époux do-nataire; le cas enfin où il laisse des enfants nés d'un mariage antérieur, et après la dissolution duquel il a disposé au profit d'un nouvel époux. Pour tou-tes ces hypothèses, nous rencontrons ici une règle spéciale, ce qui exclut, selon nous, toute idée d'un recours à faire à d'autres parties du code (1).

Nous trouvons dans le texte même de la loi, dans les art. 1091 et 1099, des arguments en faveur de l'opinion que nous soutenons.

L'art. 1094 porte que « les époux pourront se faire telles donations qu'ils jugeront à propos, *sous les modifications ci-après exprimées.* » Les époux ne peuvent donc pas dépasser, dans leurs libéralités, les limites que pose la loi dans notre chap. IX; ils ne peuvent donc pas se donner au delà de ce qui est fixé par l'art. 1094.

(1) *V. Malleville*, II, p. 545.

D'après l'art. 1099, « les époux ne pourront se
donner indirectement au-delà de ce qui leur est permis par les dispositions ci-dessus. » Que veut dire
la loi par ces mots : *les dispositions ci-dessus ?* Il
est bien certain que ces mots s'appliquent à l'art.
1094 comme à l'art. 1098, et il ne l'est pas moins
qu'ils ne peuvent se référer aux art. 913 à 916 évidemment trop éloignés pour qu'on les désigne par
les mots *ci-dessus.* Il est certain que le Code fait
allusion à toutes les dispositions qu'il vient d'établir
relativement à la quotité disponible entre époux.
Or, la loi dit que les époux ne peuvent se donner
au-delà de ce qui leur est permis par les dispositions ci-dessus ; donc ils ne peuvent pas invoquer
la quotité disponible de l'art. 913 lorsqu'elle est
plus considérable ; car alors, d'après les termes
même de la loi ,ils auraient au-delà de ce qui leur
est permis.

Les travaux préparatoires du Code vont nous
fournir des renseignements précieux et positifs, et
serviront à appuyer l'opinion que nous avons embrassée. Nous savons qu'on ne doit, la plupart du
temps, invoquer qu'avec beaucoup de réserve l'historique de la rédaction d'un article, parce que, dans
la discussion, les avis opposés ont dû naturellement se produire. Mais, dans notre question, nous

puiserons dans les travaux préparatoires des preuves tellement concluantes, que nous ne pouvons les
passer sous silence.

Lorsque le titre des donations fut communiqué of-
ficieusement au tribunat, la section proposa une nouvelle rédaction pour être substituée à celle que l'art.
1094 (alors l'art. 205) avait dans le projet. Voici ce
qu'on lit à cet égard dans les procès-verbaux : « La section propose de substituer à cet article la rédaction
suivante : ... Pour le cas où l'époux donateur laisserait des enfants ou descendants, il pourra donner
à l'autre époux tout ce dont il pourrait disposer en
propriété, ou la moitié de tous ses biens en usufruit seulement. » Et la section du tribunat motivait
ainsi les changements qu'elle demandait : « . . . .
Dans le cas où il y aurait des enfants, *la section
pense qu'il est juste qu'un époux puisse donner à
l'autre tout ce dont il pourrait disposer en propriété,
c'est-à-dire autant qu'il pourrait donner à un étranger,* ou la moitié de ses biens en usufruit. » (1)

Ainsi on voit que le tribunat demandait précisément que l'on permît à l'époux, laissant des enfants communs, de donner à son conjoint tout ce
dont il pourrait disposer en faveur d'un étranger.

(1) *V.* Fenet. XII, p. 466 et 467.

Puisque le tribunat demandait que ce droit fût accordé à l'époux, il est bien évident que, dans le projet, ce droit ne lui appartenait pas. Or, il ne fut donné de la part du conseil d'Etat aucune suite à ces observations. Les procès-verbaux officiels gardent à ce sujet le silence le plus absolu ; et, dans le quatrième projet qui fut converti en loi, la rédaction de l'art. 1094 fut reproduite purement et simplement sans aucune modification. On peut donc induire de là avec certitude que le conseil d'état n'adopta point l'opinion du tribunat, d'après laquelle les époux devaient être, dans tous les cas, traités aussi favorablement que les étrangers.

On répond bien que si le tribunat a proposé de changer l'art. 1094, c'était uniquement pour le rédiger d'une manière plus claire. Mais les termes dans lesquels fut faite la proposition ne se prêtent nullement à cette interprétation. « Là section pense qu'il est juste qu'un époux *puisse donner* à l'autre autant qu'il pourrait donner à un étranger. » Si la section proposait ce changement, ce n'était pas pour que la disposition fut mieux rédigée, mais bien pour que le conjoint *pût donner* à un époux autant qu'à un étranger. Or, cette proposition fut rejetée.

Lorsque, après le maintien définitif de notre disposition, le projet fut communiqué officiellement au tribunat, le rapporteur, Jaubert s'exprimait ainsi au nom de la section de législation : « Quant à l'émolument des dispositions entre époux, soit par donation, soit par testament, il faut distinguer : s'il reste des enfants du mariage, l'époux survivant ne peut avoir qu'un quart en propriété et qu'un quart en usufruit, ou la moitié de tous les biens en usufruit seulement ; *si la disposition excédait ces bornes, elle serait réduite* (1). » Il nous semble que ceci est assez positif.

Enfin dans l'exposé officiel des motifs devant le corps législatif, l'un des rédacteurs du projet, Bigot-Préameneu disait : « S'il laisse des enfants, ces donations ne *pourront* comprendre que le quart de tous les biens en propriété et l'autre quart en usufruit, ou la moitié de tous les biens en usufruit seulement.» Et plus loin il ajoutait : « Si l'époux laisse des enfants, son affection se partage entre eux et son épouse ; et lors même qu'il serait le plus assuré que l'autre époux survivant ferait de la totalité de sa fortune l'emploi le plus utile aux enfants, les devoirs de la paternité sont personnels, et l'époux donateur y manquerait s'il les confiait à un autre. Il *ne pourra* donc être autorisé à laisser à l'autre époux

(1) *V*. Fenet. XII, p. 621.

qu'une partie de sa fortune, et cette quotité est fixée à un quart de tous les biens en propriété et un autre quart en usufruit, ou la moitié de la totalité en usufruit. Après avoir ainsi *borné* la faculté de disposer, il ne restait plus qu'a prévenir les inconvénients qui peuvent résulter des donations faites entre époux pendant le mariage, etc. (1). » Ainsi l'orateur du gouvernement déclare que l'article 1094 *a borné* la faculté de disposer à une quotité fixée à un quart des biens en propriété, et un quart en usufruit, ou la moitié en usufruit, et que l'époux ne *pourra laisser* à son conjoint que cette quotité. Quelles autres preuves peut-on demander pour arriver à une connaissance certaine de la volonté du législateur?

Remarquons en passant que Bigot-Préameneu répond à une objection qui avait été faite : « Lors même, dit-il, qu'il serait le plus assuré que l'époux survivant ferait, de la totalité de sa fortune, l'emploi le plus utile aux enfants, les devoirs de la paternité sont personnels, et l'époux donateur y manquerait s'il les confiait à un autre. » On avait dit, en effet, qu'il importait peu qu'un homme ayant des enfants laissât plus ou moins à la mère de ces enfants, puis-

(1) *V.* Fenet. XII, p. 573.

que ces derniers retrouveraient toujours les biens dans la succession de leur mère. — D'abord rien ne prouve qu'ils retrouveront ces biens, et que la mère n'en disposera pas autrement. On avouera qu'il est toujours plus sûr pour les enfants que les biens ne soient pas donnés. Mais alors même qu'ils seraient certains de les avoir plus tard, c'est encore avec raison que la loi en prohibe la disposition ; car « les devoirs de la paternité sont personnels, et l'époux donateur y manquerait s'il les confiait à un autre. »

Outre le texte et les travaux préparatoires de la loi, l'esprit du Code est encore, selon nous, favorable à l'opinion que nous avons embrassée. Au premier abord, il parait peut-être difficile d'admettre que le législateur puisse ne pas autoriser à donner, dans tous les cas, autant à un époux qu'à un étranger. Mais qu'on y réfléchisse, et on verra que c'est l'esprit constant de la loi de défendre plus volontiers ce qu'elle pense qu'on est le plus porté à faire. Qu'on prenne par exemple la matière des enfants naturels. Ils méritent certes plus de faveur qu'un étranger ; ils sont appelés à la succession *ab intestat*; et cependant on ne peut leur donner autant qu'à un étranger, précisément à cause de l'extrême propension qu'on aurait à leur faire de grandes li-

béralités. Or, n'en est-il pas de même pour les
époux? N'est-il pas évident que les donations considérables sont bien plus à craindre et se feront
bien plus facilement au profit d'un conjoint qu'au
profit d'un étranger? Un père, à moins d'avoir bien
gravement à se plaindre de son enfant, n'ira pas
donner la moitié de sa fortune à un étranger, tandis
que, si la loi ne s'y opposait pas, il la donnerait
volontiers à la mère de l'enfant: c'est incontestable.
Et on n'est pas fondé à dire que si le législateur
avait eu la pensée que nous lui donnons, il eût défendu à l'époux de recevoir jamais autant qu'un
étranger. La loi a voulu simplement protéger les
enfants contre une trop grande facilité de faire au
conjoint des libéralités considérables. Mais c'eût été
rendre la règle mauvaise en l'exagérant, que de
défendre au conjoint d'avoir jamais autant que l'é-
tranger : c'eût été peut-être le réduire à une gêne
extrême, après qu'il avait été habitué à vivre dans
l'aisance.

On dit, contre notre système, qu'on ne saurait admettre que plus la réserve des enfants sera modique,
eu égard à leur nombre, et plus l'époux sera favo-
risé (1). Nous ne comprenons guère cette critique,

(1) *V*. M. Benech, quot. disp. entre époux d'après l'art. 1094,
p. 161.

puisque, d'après nous, la loi fixe pour les époux une quotité disponible invariable dans tous les cas, et nous croyons que c'est avec justice. En effet, quel a été le but du législateur en permettant aux conjoints de disposer en faveur l'un de l'autre d'une partie de leur fortune? Il a voulu qu'il fût possible à un époux dont le conjoint s'était montré affectueux, dévoué, de récompenser cette affection, ce dévouement. Quand ce conjoint est pauvre, il faut que l'autre lui fournisse les moyens de vivre après lui comme il vivait pendant le mariage, afin qu'il ne soit pas peut-être réduit à exiger de ses enfants des aliments. S'il ne lui donnait qu'un quart de propriété, ce serait insuffisant; aussi la loi permet-elle de lui donner en outre un quart d'usufruit, lors même que cette quotité devrait dépasser ce qui pourrait être donné à un étranger. Mais remarquons, et c'est un point très important à noter, que toutes les fois que la quotité disponible entre époux est plus forte que celle d'un étranger, c'est toujours en usufruit, et jamais en propriété, parceque le législateur n'a voulu qu'une chose, assurer au conjoint survivant une existence honorable. Or, comme les besoins de ce conjoint sont toujours les mêmes, soit qu'il n'y ait qu'un enfant, soit qu'il y en ait deux, trois, ou davantage, on comprend parfaitement que

le Code ait fixé ici un disponible invariable et indépendant du nombre des enfants. Et après tout, il
nous semble que l'époux sera dans tous les cas assez
bien partagé, même en s'en tenant aux dispositions
de l'art. 1094. N'est-ce pas assez pour lui d'avoir,
pendant toute sa vie, la jouissance de la moitié des
biens de son conjoint, plus un quart de propriété ?
Selon nous, il ne serait guère fondé à se plaindre.

On s'appuie sur d'autres arguments pour com-
battre la doctrine que nous soutenons. Nous avons
invoqué le texte de la loi, son esprit et les travaux
préparatoires du Code; on nous combat par les
mêmes armes : on nous oppose le texte et l'esprit
de la loi, et l'historique de la rédaction des articles
qui nous occupent. La question est trop importante
pour que nous ne fassions point tous nos efforts
pour réfuter les arguments de nos adversaires.

On invoque cette circonstance que l'article 1094
parle au pluriel : « *Pour le cas où l'époux donateur laisserait des enfants ou descendants.* » Dans
ce cas, on reconnaît bien que l'époux ne pourra rien
réclamer au-delà de la quotité fixée par notre article ;
il aura d'ailleurs plus qu'un étranger. Mais, dit-on,
s'il n'y a qu'un enfant, l'article n'est plus applicable. L'époux peut donc alors demander la quotité

de 913. — Nous trouvons que cet argument n'a rien de sérieux. Le Code nous a habitués à des vices de rédaction assez fréquents et souvent assez graves, pour que nous ne nous étonnions pas d'un pluriel mis pour un singulier. A chaque instant on rencontre des articles où l'on emploie indifféremment un genre pour l'autre; ainsi, les articles 731, 746, 753, 915, 916, 951, 1048, 1049, et tant d'autres. Et puis la solution resterait toujours intacte pour le cas où il existe deux enfants. Il n'y a donc pas, selon nous, grand parti à tirer de cet argument.

Mais on en trouve un autre, et qui peut paraître assez sérieux, dans la combinaison de l'article 902 avec l'article 913. On dit ceci : l'article 902 déclare que toutes personnes peuvent se donner ou recevoir, excepté celles que la loi en déclare incapables. D'un autre côté, l'article 913 dit que les libéralités ne pourront excéder le quart, le tiers ou la moitié des biens, selon que le disposant laissera trois enfants ou davantage, deux enfants ou un seulement. Donc, les époux seront capables de se donner dans cette limite, si aucun texte ne les en déclare incapables. Or ce texte n'existe pas. En effet, lorsque la loi ne permet pas de disposer au-delà d'une certaine quotité, sa formule est toujours limitative ou prohibitive. C'est ainsi que les articles 913 et 1098 nous disent : « Les libéralités *ne pourront* excéder..., » « l'époux qui a des enfants d'un précédent mariage *ne peut* donner à son conjoint...» Mais l'article 1094 n'est point prohibitif. « L'époux, y est-il dit, *pourra* donner. » Cette expression *pourra* fait voir qu'il s'agit d'une faculté particulière, à laquelle les époux peuvent renoncer lorsque le droit commun est plus avantageux. Voilà l'argument (1).

Nous avons plusieurs choses à répondre. D'abord il nous semble que l'article 902 est étranger à la question, car cet article s'occupe de statuts personnels, de la capacité des personnes, tandis qu'ici il s'agit de statuts réels, de la disponibilité des biens. — Nous dirons ensuite que lorsque la loi permet de disposer jusqu'à concurrence d'un certain chiffre, il est évident qu'elle est prohibitive pour tout ce qui excède ce chiffre; autrement les limites qu'elle apporte au droit de disposer n'auraient plus de sens. — Mais quoi qu'il en soit, l'argument ne peut trancher la question, puisque c'est le fait même sur lequel il repose qui fait naître cette question. C'est précisément en effet parce que l'article dit *pourra donner* que la question s'élève; s'il di-

(1) M. Benech, *id.*, p. 107 et suiv.

sait *ne pourra donner que...*, il n'y aurait plus de question. Le débat ne change donc point par cet argument. Toute la question est de savoir si le législateur, en indiquant ce que l'époux *pourra donner*, n'a pas entendu nous indiquer *tout ce qu'il pourra donner*; et nous croyons fermement que tel a été son but.

Les adversaires de notre doctrine nous font aussi une objection tirée de l'esprit de la loi. L'art. 1094 contient, disent-ils, deux dispositions : La première étend la quotité disponible ordinaire : la personne qui a des ascendants et point d'enfants, peut donner à son conjoint plus qu'elle ne pourrait donner à un étranger. Or, cette extension ne peut s'expliquer que par la faveur que méritent les rapports que le mariage établit entre époux. Eh bien ! s'il en est ainsi lorsque l'époux donataire est en présence des ascendants de son conjoint, pourquoi en serait-il autrement quand il est en présence de ses propres enfants ? — Nous nous expliquons très bien, quant à nous, la décision différente de la loi dans les deux cas. Lorsque l'époux est en conflit avec des ascendants, sa condition est au moins aussi favorable que la leur, et la loi lui accorde alors une quotité de biens considérable. Mais il en est différemment quand il a des descendants ;

la loi veut, avant tout, les protéger contre les libéralités excessives que les conjoints seraient portés
à se faire. La faveur due au mariage cède alors
devant l'intérêt des enfants.

Passons aux arguments que le système opposé
puise dans les travaux préparatoires du Code. Voici
le raisonnement de nos adversaires : L'art. 1094 n'a
jamais varié ; il est rédigé dans le Code comme il
l'était dans le projet. Au contraire, le système de
913 est bien changé, puisque, dans le principe,
quand il y avait des enfants, quelque fût leur
nombre, le disponible n'était jamais que du quart.
Dès-lors, 1094 était en parfaite harmonie avec 913,
puisqu'il permettait de donner à l'époux le quart
disponible pour l'étranger, et, en outre, un quart
d'usufruit. 1094 était donc extensif de 913 ; l'époux
pouvait donc avoir toujours plus que l'étranger.
Or, nous voyons que la quotité disponible de l'art.
913 a été étendue. Eh bien ! le législateur a, évidemment, voulu faire profiter l'époux des augmen-
tations qu'il a apportées au disponible ordinaire ;
et s'il accorde à cet époux un quart en propriété,
plus un quart en usufruit, pour tous les cas possibles, c'est-à-dire alors même que l'étranger ne
pourrait avoir que le quart en propriété, il sous-

entend forcément qu'il pourra recevoir aussi le tiers ou la moitié en propriété, dans le cas où on peut les donner à un étranger : s'il ne l'a pas ajouté dans l'art. 1094, ce n'est qu'un oubli, ou plutôt, c'est parce que la chose allait de soi (1).

Nous ne saurions admettre ce raisonnement. Il est bien vrai que, lorsqu'on a rédigé le code, on a voulu donner à l'époux plus que ce qu'on donnait alors à l'étranger ; mais il ne nous semble pas vrai qu'on ait voulu lui donner plus que ce qui pourrait être accordé aux étrangers par tous changements postérieurs. Alors qu'on ne donnait dans tous les cas aux étrangers qu'un quart en pleine propriété, on disait que, comme cette quotité pouvait être quelquefois insuffisante pour l'époux, il fallait y ajouter un quart d'usufruit. Mais on ne disait nullement, et avec raison, que si on venait à augmenter pour certains cas le disponible fixé pour les étrangers, il faudrait aussi augmenter celui fixé pour l'époux. On ne disait pas d'une manière absolue : il faut qu'un époux ait plus qu'un étranger ; on disait simplement : il faut qu'un époux ait plus que le quart attribué à l'étranger. Et la preuve de cette

(1) *V*. M. Benech, *id.*, p. 117.

pensée, elle est dans la rédaction même de l'art.
1094. Remarquons en effet la différence qui existe
entre les deux paragraphes de cet article. Dans
le premier §, le législateur a le soin de déclarer que « l'époux pourrra, dans le cas où il
ne laisserait point d'enfants ou descendants, disposer en faveur de l'autre époux, *en propriété de
tout ce dont il pourrait disposer en faveur d'un étranger,* et en outre de l'usufruit de la réserve des ascendants. » Dans le second §, on ne trouve plus
cette rédaction reproduite. Il n'y est plus déclaré
que l'époux, dans le cas où il laissera des enfants
ou descendants, pourra disposer en faveur de son
conjoint *de tout ce dont il pourrait disposer en faveur
de l'étranger.* Au contraire, le législateur a soin de
préciser d'une manière absolue, et sans se reporter,
comme dans le premier alinéa, à la quotité ordinaire,
le chiffre concernant les époux : « Un quart en propriété
et un autre quart en usufruit, ou la moitié de tous
les biens en usufruit seulement. » Cette différence
dans la rédaction des deux paragraphes du même
article n'indique-t-elle pas d'une manière certaine
des intentions différentes de la part des législateurs?
S'il en était autrement, ils n'auraient pas fait deux
alinéas dans l'article; ils auraient dit simplement :
« l'époux peut donner à son conjoint tout ce qu'il

peut donner à un étranger, et de plus un quart d'usufruit, s'il laisse des descendants, et s'il ne laisse que des ascendants, tout l'usufruit de la réserve de ces derniers. »

Les partisans de la doctrine que nous combattons argumentent encore d'une observation faite, lors de la discussion de l'art. 1098, par le conseiller d'état Berlier. Cet article, qui indique la portion de biens dont on peut disposer en faveur d'un nouvel époux, quand on a des descendants d'un mariage précédent, n'accordait d'abord, pour ce cas, que l'usufruit d'une part d'enfant le moins prenant. Cambacérès propose de permettre la disposition de cette part d'enfant en toute propriété. Berlier trouve cette proposition juste, mais il demande pourtant qu'elle soit modifiée : « car, dit-il, s'il n'y avait qu'un enfant ou deux du premier mariage, et point du second, le nouvel époux pourrait, en partageant avec eux, avoir la moitié ou le tiers de la succession »(1). En conséquence, il propose de dire que ce nouvel époux ne pourra jamais avoir plus du quart de la succession, et l'art. est ainsi adopté.

Or, disent nos adversaires, si, au moment même où l'art. 1094 venait d'être voté, le conseil d'état n'ose

(1) *V.* Fenet, XII. p. 416 et 417.

pas permettre de donner à ce nouvel époux une part d'enfant purement et simplement, parce qu'il pourrait quelquefois avoir le tiers ou la moitié des biens, c'est que l'art. 1094 n'empêchait pas les époux de se donner ce tiers ou cette moitié.(1)

Nous reconnaissons très bien que la proposition Berlier supposait la faculté de disposer d'un tiers ou de moitié, puisqu'elle était faite pour enlever cette faculté. Mais à qui supposait-elle que cette moitié ou ce tiers pouvaient être donnés? *Au second conjoint du mariage duquel il n'y aurait pas d'enfants.*

« S'il n'y avait qu'un enfant ou deux *du premier mariage*, et *point du second*, *le nouvel époux* pourrait avoir la moitié ou le tiers. » Ainsi l'amendement suppose simplement que l'art. 1094 n'empêche pas de donner le tiers ou la moitié à un nouveau conjoint, quand il existe des enfants d'un mariage précédent. Et c'est bien naturel, puisque l'art. 1094 n'a rien à faire à ce cas-là qui est régi par l'art. 1098. Par conséquent, l'amendement Berlier est étranger à notre question qui n'est relative qu'aux enfants *communs* aux deux époux. Mais nous allons plus loin, et nous prétendons que cet amendement prouverait tout au contraire en faveur de notre système. « S'il y avait, dit Berlier,

(1) *V.* M Benech, *id.*, p. 124 et suiv.

un enfant ou deux du premier mariage, et *point
du second....*» Ces paroles montrent d'une manière évidente que l'auteur de l'amendement savait
très bien que, même au cas où sa proposition serait
rejetée, l'époux n'aurait la moitié ou le tiers, que
lorsqu'il n'y aurait pas d'enfants du second mariage,
c'est à dire pas d'enfants communs; et, s'il le savait,
c'est donc que l'art. 1094 refusait ce tiers ou cette
moitié, et ne permettait aux conjoints de se donner
que le quart, lorsqu'ils avaient des enfants communs.

Tels sont les motifs qui, dans cette question si
difficile, nous ont fait embrasser l'opinion que nous
venons d'exposer (1).

Le 2me alinéa de l'art. 1094 semble renfermer
une singulière alternative. Cet article, comme nous

(1) *V. Toullier.* V. 869.
Grenier. (Donations). II, 286.
Delvincourt. II, 65.
M. *Dalloz.* VI, p. 271.
M. *Duranton.* IX, 795.
M. *Vazeille.* III, 47.
Arrêts : — *Nîmes.* 10 Juin 1807.
Riom. 8 mars 1842. (Sirey, 42, 2, 254).
Montpellier. 8 février 1843. (*id.* 43, 2, 220).
Cass. 3 déc. 1844. (*id.* 45, 1, 277).

l'avons vu, après avoir permis aux époux qui ont des enfants communs de se donner le quart de leurs biens en pleine propriété et le quart en usufruit, ajoute qu'il leur sera loisible de se donner *la moitié de leurs biens en usufruit seulement*. On ne comprend pas trop d'abord le but de la loi, et cette seconde disposition paraît bien inutile. Dire que les époux peuvent se donner un quart d'usufruit, plus un quart de pleine propriété, ou, en d'autres termes, une moitié d'usufruit, plus un quart de nue-propriété, c'est bien dire *à fortiori* qu'ils peuvent se donner seulement une moitié d'usufruit. Le plus contient évidemment le moins. Comment donc expliquer cette disposition du code ?

Quelques jurisconsultes ont pensé que la loi, en parlant du *quart en propriété*, avait entendu la nue-propriété, et cette opinion leur a été suggérée par l'impossibilité où ils se sont trouvés d'expliquer raisonnablement les termes de l'article, si l'on admet qu'il ait en vue la pleine propriété. Ces auteurs invoquent le principe qu'une disposition législative doit être entendue dans le sens suivant lequel elle peut produire quelque effet, plutôt que dans le sens suivant lequel elle n'en produirait aucun. Or, selon eux, les derniers mots de l'art. 1094, *ou la moi-*

tié en usufruit seulement, n'auraient aucun sens, si le quart en propriété était entendu du quart en pleine propriété. Puis ils ajoutent que le mot *propriété,* mis dans le même texte par opposition au mot *usufruit,* s'entend généralement de la *nue-propriété* seulement.

· Nous n'admettons pas cette opinion. Il n'est guère supposable que les législateurs aient entendu parler de la nue propriété ; car au lieu de dire un quart en usufruit et un quart en *nue propriété,* il eût été beaucoup plus simple de dire *un quart en pleine propriété.* Nous pensons, avec la généralité des auteurs et la jurisprudence, que le code a voulu parler de la pleine propriété. Nous l'avons toujours supposé, du reste, dans ce que nous avons dit précédemment. La disposition de la loi doit, suivant nous, recevoir une explication historique. Elle n'est que l'application d'une théorie qui, dans le projet du Code, était générale. Suivant ce projet, la quotité disponible en usufruit était entièrement calquée sur celle disponible en pleine propriété; en sorte que, bien que l'usufruit vaille beaucoup moins que la pleine propriété, puisqu'il n'en est qu'un demembrement; bien que, par exemple, un tiers en usufruit seulement, ne soit pas supérieur au quart en

pleine propriété, cependant celui qui ne pouvait
donner qu'un quart ou la moitié en pleine propriété, ne pouvait donner également qu'un quart ou
la moitié en usufruit. Dès lors la règle ici fixée,
pour la quotité disponible entre époux, était en
parfaite harmonie avec celle de la quotité disponible
ordinaire: les conjoints pouvaient se donner, en propriété, un quart, en y ajoutant un quart d'usufruit,
ou bien, en usufruit, ce même quart, en y ajoutant
toujours un autre quart d'usufruit.

Ce système fut plus tard abandonné et remplacé
dans le Code par la disposition de l'art. 917. D'après
cet article, le chiffre du disponible en usufruit n'est
plus calqué sur le chiffre du disponible en pleine
propriété. Celui qui, ayant un enfant, peut donner
à un étranger la moitié de ses biens en pleine propriété, est libre de lui en donner les trois quarts
en usufruit; sa disposition n'en sera pas réduite à
la moitié en usufruit, comme elle l'eût été dans le
projet du Code. L'art. 917 fait les héritiers réservataires juges de leur propre cause, c'est-à-dire
qu'il leur donne le choix, ou d'exécuter la disposition
en usufruit, telle qu'elle a été faite, ou d'abandonner toute la pleine propriété disponible.

Mais cet art. 917 est-il applicable aux libéralités
entre époux? En supprimant la règle du projet
pour la quotité disponible ordinaire, a-t-on entendu
la supprimer également pour la quotité disponible
entre époux? Nous n'hésitons pas à répondre néga-
tivement. Cette question est intimement liée à celle
que nous venons d'examiner. Nous avons établi
que la quotité disponible entre conjoints, était déterminée exclusivement par les art. 1094 et 1098,
et que les règles des art. 913 et suiv. ne pouvaient
pas être invoquées par eux. Si on admet cette doctrine, on ne peut pas appliquer aux époux la disposition de l'art. 917. Rappelons-nous que, malgré
les profondes modifications qui ont été apportées à
la quotité disponible ordinaire, telle qu'elle était
dans le projet, le 2e alinéa de l'art. 1094 n'a jamais
varié, ce qui prouve évidemment de la part du législateur la volonté de n'en pas changer le sens primitif. Nous croyons donc fermement que l'époux, à
qui un conjoint a donné l'usufruit d'une fraction
de ses biens excédant la moitié, ne peut pas exiger
que les enfants lui laissent la libéralité entière, en
lui abandonnant un quart de pleine propriété et
un quart d'usufruit; il est obligé de subir la réduction et de s'en tenir à un usufruit de moitié.

Ainsi l'alternative renfermée dans l'art. 1094 a pour but, non pas de permettre de disposer de la moitié des biens en usufruit, ce qui était inutile, mais de défendre de donner plus de la moitié en usufruit; autrement la disposition serait réduite à cette moitié (1).

Que décider si l'époux donateur a reproduit l'alternative de notre article, sans dire à qui le choix appartient ? Ainsi il a disposé en ces termes : « Je donne ou je lègue à mon conjoint un quart de mes biens en propriété, et un quart en usufruit, ou la moitié en usufruit, » et il n'a pas dit si c'est à son conjoint ou à ses héritiers qu'il entend laisser le choix. — Il est évident que si, des autres dispositions de l'acte, on peut induire avec certitude quelle a été la volonté de l'époux donateur, on devra l'observer. Mais si l'acte est muet sur ce point, s'il ne contient aucune indication, il faut suivre le droit

---

(1) *V. Proudhon.* Usufr. 345.

M. *Coin-Delisle.* Don. et test. 8.

M. *Levasseur.* Portion disponible, 87.

Arrêts.— *Bourges.* 22 mars 1839 (Sirey, 39, 2, 373).

Angers. 8 juillet 1840. (*Id.* 40,2, 391).

commun d'après lequel, en matière d'obligations alternatives, « le choix appartient au débiteur, s'il n'a pas été expressément accordé au créancier. » (1190). On donnera donc l'option aux héritiers du conjoint.

Lorsque l'époux disposant a légué à son conjoint *ce dont la loi lui permet de disposer*, il est évident que le légataire peut réclamer un quart en propriété, et un autre quart en usufruit, et qu'on ne peut le réduire à la moitié de l'usufruit seulement. Les termes du legs embrassent dans leur généralité tout ce dont il est permis de disposer, et le légataire a par conséquent droit au plus fort disponible.

SECTION III.

Examen des questions relatives à la fois au cas où les époux ont des enfants communs, et à celui où ils n'ont que des ascendants.

Nous avons expliqué, dans les deux premières sections de ce chapitre, les règles particulières aux deux paragraphes de l'art. 1094. Nous allons voir, dans une troisième et dernière section, quelques points communs aux deux alinéas de cet article.

Une question qui s'applique aux deux hypothèses réglées par l'art. 1094 est celle de savoir si l'époux qui donne à son conjoint tout l'usufruit dont il peut disposer vis à vis d'héritiers réservataires, (c'est-à-dire, en cas d'ascendants, l'usufruit de tous ses biens, et en cas d'enfants communs, l'usufruit de la moitié des biens), peut valablement dispenser ce conjoint de fournir la caution due en principe par tout usufruitier.

Nous croyons que cette dispense ne serait pas valable pour les biens dont la nue-propriété fait partie de la réserve ; car les héritiers réservatai-res ne tenant leur réserve que de la loi, il n'appartient point au testateur d'en rendre le bénéfice incertain, en dégageant l'usufruitier des sûretés dues pour la restitution ou la conservation de la chose. La réserve légale ne peut recevoir aucune atteinte par l'effet de la volonté du testateur. Or, il parait difficile de refuser ce caractère à la dispense de fournir caution, pour la représentation de la nue-propriété faisant partie de la réserve, puisqu'elle laisse les droits des réservataires sans garantie.

On invoque, dans le système opposé, l'art. 601 et l'art. 618.

L'art. 601 dit que l'usufruitier doit une caution

« s'il n'en est dispensé par l'acte constitutif de l'u-
sufruit. » Donc, dit-on, dès l'instant que cette dispense existe, il n'est plus nécessaire de fournir de
caution. — Ce n'est pas ainsi, selon nous, qu'on
doit interpréter l'art. 601. Cet article ne dit pas que
l'obligation de fournir caution cessera, pourvu qu'il
y ait dans l'acte une clause de dispense ; il dit qu'elle
cessera si l'usufruitier est *dispensé* par cet acte. Or
ici, les réservataires prétendent précisément que la
clause de dispense n'est pas valable, que *légalement
le conjoint n'est pas dispensé*. Il faut donc abandonner cet argument, si l'on ne veut tourner dans
un cercle vicieux.

Les adversaires de notre système invoquent encore l'art. 618, qui dit que « l'usufruit peut cesser
par l'abus que l'usufruitier fait de sa jouissance. »
Ils disent que, puisque cet article permet au nu-
propriétaire de faire prononcer la cessation de l'u-
sufruit, dans le cas d'une jouissance abusive de la
part de l'usufruitier, ses droits sont sauvegardés, et
que par suite il peut bien se passer de la caution.
— Nous répondrons que ce moyen ne peut pas remplacer le cautionnement ; il ne peut être considéré
que comme un supplément de garantie, puisque le
nu-propriétaire peut l'invoquer alors même qu'il
est déjà protégé par la caution. De plus, cette res-

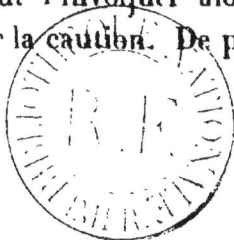

source n'offre qu'une sécurité bien incomplète, puis-qu'elle ne peut protéger les droits du nue-proprié-taire que pour l'avenir, sans lui assurer aucune indemnité pour les dommages accomplis. Souvent même, quand le légitimaire s'apercevra de la mauvaise administration ou de la fraude de l'u-sufruitier, il sera trop tard pour y remédier, et il aura pu perdre déjà sinon la totalité, au moins une partie notable de sa nue-propriété. De plus, quand l'usufruit comprendra des choses fongibles, quelle garantie aura le légitimaire, de la représen-tation de leur valeur à l'extinction de l'usufruit ? Quand cet usufruit sera constitué sur une somme d'argent, que pourra-t-il faire pour éviter les effets d'un mauvais placement ? Il est vrai que quand l'époux donataire est en présence de ses enfants, on peut présumer que l'affection qu'il doit avoir pour eux, sera d'ordinaire une garantie contre la mauvaise foi qu'on pourrait appréhender de sa part. Mais malheureusement cette affection n'existe pas toujours, et il y aurait danger de remplacer des garanties réelles par des raisons de sentiment. D'ailleurs, la tendresse de l'époux pour ses enfants n'exclue pas l'imprudence ou l'inhabileté dans la gestion des biens. Et puis, en l'absence d'en-fants communs, les héritiers réservataires du conjoint donateur seront ses propres ascendants. Or, dans ce cas, les liens de parenté et l'affection du donataire ne se retrouvent plus, pour assurer l'intégrité des droits des héritiers du donateur.

Nous pensons donc que la dispense de caution de la part de l'époux disposant n'est pas valable, quant aux biens dont la nue propriété fait partie de la réserve légale ; mais il est évident que le cautionnement à exiger de l'époux donataire n'est pas de la totalité de l'usufruit : le donateur a le droit de l'en dispenser pour tout ce dont il peut disposer en propriété. Ainsi, quand il y a des enfants, et que le conjoint survivant est donataire de la moitié en usufruit, les enfants n'ont droit au cautionnement que pour la moitié de la donation ; et quand il n'y a qu'un ascendant, et que le conjoint a l'usufruit de la totalité des biens, l'ascendant ne peut exiger une caution que pour le quart dont la loi lui réserve la nue-propriété.

Il est évident que la caution ne serait plus due, si l'héritier réservataire de l'époux donateur était l'enfant du donataire, et qu'il eût moins de 18 ans. Ce ne serait plus en effet comme donataire que le conjoint prendrait l'usufruit, mais comme usufruitier légal. Il importe peu dès lors que ce conjoint ne puisse pas profiter de la dispense écrite dans la

disposition, puisque la loi lui en fournit une autre
(601) (1).

Il nous reste encore un point à examiner sur l'art.
1094, c'est celui de savoir si cet article s'applique
aux époux mineurs comme aux majeurs. L'époux
mineur pourra-t-il donner à son conjoint toute la
quotité réglée par l'art. 1094? Nous ne le pensons
pas. Selon nous, l'art. 1094 ne prévoit que le cas où
le conjoint est majeur; et lorsqu'il est mineur, il
faut combiner 1094 avec 904. Ainsi l'époux mineur
âgé de plus de 16 ans ne pourra, par son testament,
laisser à son conjoint que la moitié de la quotité de
1094, et il ne pourra lui faire aucune libéralité par
donation entre-vifs. Ce qui surtout nous fait embrasser cette opinion, c'est que nous voyons exac-

(1) *V. Proudhon.* Usufr. 824.
M. *Duranton*, IV, 611.
M. *Dalloz.* Usufr. chap. I, sect. 5.
M. *Coin-Delisle.* Art. 1094, n° 12.
M. *Zachariæ*, II, p. 9.
Arrêts.—*Nancy.* 21 mai 1825. (Sirey, 25, 2, 362).
Douai. 20 mars 1833. (*Id.* 33, 2, 196).
Paris. 9 nov. 1836. (*Id.* 36, 2, 536).
Rouen. 24 février 1842. (*Id.* 42, 2, 249).
Douai. 18 mars 1842. (*Id.* 43, 2, 9).

tement les mêmes motifs pour restreindre la capacité de l'époux mineur, vis-à-vis de son conjoint, que vis-à-vis de toute autre personne. Si cet époux mineur ne peut donner par testament à ses enfants, ou à ses ascendants, que la moitié de ce qu'il pourrait leur donner s'il était majeur, et s'il ne peut rien leur donner par disposition entre-vifs, c'est à cause du peu de réflexion, du peu de discernement qu'on lui suppose. Eh bien, pourquoi dès lors lui serait-il permis de donner davantage à un conjoint ? A-t-il pour ce cas plus de jugement ? Pense-t-on qu'il réfléchira davantage ? Nous allons plus loin : si on avait voulu établir une différence dans la capacité de l'époux mineur vis-à-vis du conjoint, et vis-à-vis d'une autre personne, on aurait dû au contraire l'établir dans un sens opposé ; car cet époux subira de la part de son conjoint une influence qui pourrait l'égarer, et qui est bien moins à redouter de la part d'un autre.

On oppose l'art. 1095 qui autorise, sous certaines conditions, le conjoint mineur à donner à son époux, par contrat de mariage, ce qu'il pourrait lui donner s'il était majeur. Nous dirons que, dans l'art. 1095, il y a un autre motif, c'est de faciliter le mariage. Mais une fois, le mariage fait, ce motif n'existe plus,

7

et on reste naturellement dans le droit commun,
tel que l'art. 904 l'établit pour les mineurs (1).

CHAP. II.

QUOTITÉ DISPONIBLE ENTRE ÉPOUX, LORSQUE LE CONJOINT DONATEUR A DES ENFANTS D'UN PRÉCÉDENT MARIAGE.

A toutes les époques, sauf à Rome, à la fin de la
république et au commencement de l'empire, les seconds mariages ont été vus par la loi avec défaveur.
Sous le Code Napoléon, c'est encore le même esprit : entraver les nouveaux mariages, surtout quand
il reste des enfants d'une précédente union. Aussi,
dans ce cas, la quotité de biens que l'époux, qui a
des enfants d'un premier mariage, peut donner à
son conjoint, est-elle moindre que celle dont il peut
disposer, quand il n'existe que des enfants communs. La loi a voulu protéger les enfants d'un premier lit ; sans ces précautions, leur auteur qui se

(1) *V.* Arrêts.—*Paris.* 11 décembre 1812. (Sirey. 15. 2.
52).—*Limoges.* 15 janvier 1822. (*id.* 22. 2. 196.)—*Bordeaux.*
24 avril 1834. (*id.* 34. 2. 462.)

remarie eût presque infailliblement sacrifié leurs
intérêts, pour enrichir son nouvel époux. L'art. 1098
limite la quotité disponible entre mari et femme,
dans le cas qui nous occupe, *à une part d'enfant
légitime le moins prenant, sans que cette part puisse
excéder le quart des biens.*

Quand la loi dit qu'on ne pourra donner à *son
nouvel époux* qu'une part d'enfant, elle entend
par ces mots la personne qui est actuellement mariée au conjoint disposant ; ce n'est pas douteux.
Mais n'entend-elle pas également celle avec laquelle
une union prochaine est arrêtée ? Nous pensons
qu'il faut étendre l'article à ce cas. Autrement, en
effet, les parties auraient un moyen trop facile d'éluder la loi : elles n'auraient qu'à se faire une donation
hors du contrat de mariage, et à s'unir ensuite. Par
conséquent, toutes les fois qu'il sera reconnu qu'un
mariage était arrêté entre des personnes qui se sont
fait une donation, on devra appliquer la règle de
l'article 1098. Mais évidemment il ne s'agit pas ici
d'une question de droit ; c'est un point de fait que
les tribunaux décideront d'après les circonstances.
Ce ne sera pas toujours chose facile que de savoir si
la libéralité faite avant le mariage l'a été ou non en
considération du mariage : des personnes ont pu

se faire une donation et s'épouser plus tard, quoiqu'elles n'eussent, au moment de la donation, aucune idée de s'unir. C'est aux juges à apprécier la
bonne ou la mauvaise foi des parties. Mais ils ne
doivent point oublier que, à moins de preuves contraires, la présomption est toujours en faveur de la
bonne foi.

L'article 1098 ne parle que d'un homme ou d'une
femme ayant *des enfants*; mais il est clair qu'on doit
l'appliquer pour un seul enfant comme pour plusieurs, et aussi pour des petits-enfants ou autres
descendants comme pour des enfants du premier
degré.

Voyons comment doit se calculer la part d'enfant
le moins prenant.

D'abord par ces mots, *une part d'enfant*, la loi
indique que le conjoint doit être compté pour
un enfant de plus. Ainsi, la personne veuve qui se
remarie peut, si elle a quatre enfants, donner à son
nouveau conjoint un cinquième de ses biens ; si elle
a cinq enfants, un sixième, et ainsi de suite. Mais
elle ne pourrait pas, dans ces hypothèses, donner
un quart ou un cinquième ; car le second époux
aurait alors plus qu'une part d'enfant.

Mais ce nouvel époux ne peut avoir qu'une part d'enfant le moins prenant. Lors donc que les enfants ne succèdent point par égales portions, ce qui arrive quand l'un d'eux ou plusieurs ont reçu des libéralités par préciput, la part que peut recevoir le nouveau conjoint se calcule, non sur la part de l'enfant préciputaire, mais sur celle de l'enfant qui a le moins. Ainsi, supposons un homme qui a 160,000 fr. de fortune et six enfants d'un premier lit, et qui se remarie. La quotité disponible est ici du quart, c'est-à-dire de 40,000 fr. En la déduisant, chacun des six enfants aura 20,000 fr. Le père pourrait-il donner 10,000 fr. à un de ses enfants, et 30,000 fr. à sa nouvelle femme ? Non, car alors celle-ci aurait autant que l'enfant qui a le plus, tandis qu'elle ne peut avoir qu'une part égale à celle de l'enfant qui a le moins. Elle ne pourra donc recevoir que 20,000 fr. sur les 40,000 fr. disponibles.

Du reste, il est évident qu'il faut entendre par *la part d'enfant le moins prenant* celle à laquelle chaque enfant a droit, et non celle qu'un des enfants pourrait avoir en fait. Si donc un enfant voulait bien se contenter d'une portion moindre que sa réserve, le conjoint ne serait pas obligé de souffrir une réduction proportionnelle.

Enfin, dernière règle de l'article 1098, le second conjoint ne peut jamais avoir plus du quart des biens. Ainsi, l'homme qui a 75,000 fr. de fortune et deux enfants, ne pourrait pas donner à sa seconde femme 25,000 fr., parce qu'alors, bien qu'ayant seulement une part d'enfant, elle aurait le tiers et non pas le quart des biens. Il ne pourra lui donner dans ce cas que 18,750 fr.

On se demande si l'on doit comprendre les biens sujets à rapport pour fixer l'importance de la part d'enfant ou de la fraction des biens à laquelle est appelé un second époux. Selon nous, ces biens doivent être compris dans l'estimation. Ainsi, supposons un homme qui laisse 100,000 fr. de fortune, deux enfants du premier lit, et une seconde femme à qui il a donné ou légué le quart de sa fortune ; supposons en outre que cet homme ait, avant sa mort, donné 50,000 fr. à un de ses enfants, sans le dispenser du rapport. La femme pourra calculer son quart non-seulement sur les 100,000 fr. que son mari laisse à son décès, mais sur les 150,000 fr. qui forment en réalité la somme partageable, après que le rapport a été fait par l'enfant donataire. On oppose l'article 857 qui dit que le rapport n'est pas dû aux légataires. Nous répondrons que sans doute le rapport ne pourrait pas être demandé par la femme, mais qu'une fois ce rapport fait, elle peut en argumenter pour calculer la part qui doit lui revenir.

Une observation importante que nous avons déjà faite, et qu'il est bon de renouveler ici, c'est que ce n'est évidemment qu'au décès de l'époux donateur qu'on peut savoir si la quotité disponible a été dépassée. Il ne faut pas en effet compter seulement les enfants du premier lit pour calculer la part d'enfant, mais bien tous ceux qu'a laissés à son décès l'époux disposant. D'un autre côté, il peut arriver que des enfants qui existaient lorsque la donation ou le testament ont été faits, soient morts avant le *de cujus*, sans laisser de postérité pour les représenter ; il ne faudra pas alors les compter. C'est donc toujours au décès qu'il faut se reporter, sans s'inquiéter du moment où la disposition a été faite.

Qu'arriverait-il si tous les enfants du premier degré étant morts, les petits enfants venaient à la succession du conjoint disposant de leur chef ? ainsi il y avait trois enfants qui sont décédés laissant, le premier un enfant, et les autres chacun deux. Il y a donc maintenant cinq successibles au lieu de trois. Les petits enfants pourront-ils prétendre que, puisqu'ils succèdent de leur chef, l'époux donataire ne peut prendre qu'un sixième des biens ? Non ; il a droit à un quart. La circonstance que les enfants sont morts doit être indifférente pour le conjoint; elle ne lui procure aucun avantage, et elle ne peut pas lui nuire; d'ailleurs ce n'est pas une part de petit enfant, mais uue part d'enfant qu'accorde la loi.

Doit-on compter pour fixer cette part, ceux des enfants ou descendants qui renoncent à la succession ou qui en sont écartés comme indignes? La négative ne nous semble pas douteuse. Elle est une conséquence du principe généralement admis par la doctrine, et que nous regardons comme incontestable, que les enfants renonçants ne doivent jamais compter pour le calcul de la quotité disponible ou de la réserve.

Cependant on fait une objection. On dit qu'autrefois les pays de coutumes eux-mêmes permettaient aux enfants de réclamer la réserve spéciale de l'édit des secondes noces, bien que ces enfants renonçassent à la succession. Ils étaient donc comptés, malgré leur renonciation, pour le calcul de la part du conjoint. C'était là une exception, puisqu'en toute autre circonstance la loi refusait la réserve aux renonçants. Or, dit-on, cette exception a dû passer dans notre Code ; car l'art. 1098 ne fait que reproduire la disposition de l'édit des secondes noces.

Cette doctrine nous paraît erronnée, et il n'y a rien à induire, selon nous, pour le droit actuel, de la règle des anciennes coutumes.

En effet, le Droit romain qui était en vigueur dans nos provinces de droit écrit regardait la réserve comme une partie de la succession due à chaque enfant, en tant qu'enfant et non en tant qu'héritier, et l'accordait par conséquent à tous les enfants, même à ceux qui renonçaient à la succession. La réserve particulière créée par la loi *hac edictali,* dont nous avons parlé fut soumise à cette règle générale. Or, l'édit des secondes noces ne fit qu'étendre aux pays de coutume la règle de la loi *hac edictali,* et ces pays acceptèrent cette règle telle qu'elle était, sans la soumettre aux principes de la réserve ordinaire. Voilà pourquoi, même dans les pays de coutume, les enfants renonçants pouvaient réclamer la réserve particulière de l'édit des secondes noces. Mais aujourd'hui un tel système n'est plus admissible. Tous les textes de nos lois, quelle que soit leur origine, ont la même portée, et ont entre eux une parfaite harmonie. Il est évident dès lors que la réserve organisée pour le cas particulier qui nous

occupe ne peut pas avoir une autre nature que la
réserve ordinaire, et que ainsi les seuls enfants qui
acceptent la succession doivent être comptés pour
déterminer le montant de la quotité disponible envers le nouveau conjoint.

Ici s'élèveraient quelques questions qui ne sont
guère que des questions d'intention, et que par suite
les tribunaux doivent décider en fait.

Ainsi, un homme a déclaré donner à sa seconde
femme *une part d'enfant.* Il avait des enfants lorsqu'il a disposé ; mais à sa mort, ses enfants n'existent plus. Que décider ? Il est clair qu'il n'y a plus
de part d'enfant, puisqu'il n'y a plus d'enfant. Dans
ce cas, la femme prendrait le quart des biens ; car
son mari, en lui donnant une part d'enfant, a voulu
lui faire la plus forte libéralité possible ; or, cette
libéralité ne peut pas excéder le quart.

Mais il en serait autrement si le mari avait
dit qu'il donnait à sa femme *tout ce qui serait disponible à sa mort.* Si, dans ce cas, il ne restait au
décès du mari que des enfants communs, et point
du premier lit, la femme prendrait le quart en propriété et le quart en usufruit. S'il ne restait aucun
enfant, elle aurait toute la quotité disponible en

faveur d'un étranger, et l'usufruit de la réserve des ascendants,

Toutefois, comme nous l'avons dit, ce ne sont que des questions d'intention. Ainsi, dans le cas d'une disposition ayant pour objet *une part d'enfant* ou la *quotité disponible*, s'il résultait des circonstances que le donateur n'a voulu parler que d'une part d'enfant ou de la portion disponible, telles qu'elles étaient au moment où il faisait la disposition, il est évident que les tribunaux devraient décider que l'époux donataire ne pourrait rien avoir au-delà.

Il peut se présenter beaucoup de cas analogues. Mais la solution de ces questions n'offre pas de difficulté. Les juges n'auront qu'une chose à faire, apprécier l'intention de l'époux disposant.

C'est un point très controversé et très difficile que celui de savoir comment doit s'entendre la règle de l'article 1098, lorsqu'une personne ayant des enfants d'un premier lit a passé successivement à différents mariages. La loi ne dit rien de ce cas ; l'article, selon nous, ne parle réellement que des donations faites à un seul conjoint, et il laisse la question ndécise pour celles qui s'adressent successivement

à plusieurs. C'est là une lacune d'autant plus regrettable que nous ne voyons rien dans les travaux
préparatoires, ni, quoi qu'on ait dit, dans le texte
du Code qui puisse aider à la solution de la difficulté.
Comment donc parvenir à connaître la volonté du
législateur? A défaut de sa pensée certaine, il faut
s'en tenir à celle qui paraît la plus probable. Or, il
nous semble que cette pensée est de n'accorder au
conjoint le droit de donner la quotité de notre article qu'une seule fois, soit à un seul nouvel époux,
soit à plusieurs. Selon nous, les conjoints successifs
ne peuvent recevoir à eux tous que la quotité qui
est ici déterminée. Ainsi, l'homme qui, ayant un
enfant d'un premier lit, donne à sa seconde femme
le quart de sa fortune, ne peut plus rien donner à
une troisième, puisque sa seconde femme a reçu
le quart qui forme le *maximum* de cette quotité. De
même celui qui a donné à sa seconde femme une
part d'enfant, (un sixième par exemple, s'il a cinq
enfants), ne peut plus rien donner à une troisième.

Ce qui nous fait embrasser cette opinion, qui est
du reste celle de la généralité des auteurs, c'est
qu'il en était ainsi dans l'ancien droit. Ricard et
Pothier décidaient que tous les conjoints pris ensemble ne pourraient pas recevoir au-delà d'une
part d'enfant. L'édit des secondes noces défendait en

effet aux veuves ayant enfants de donner *à leurs nouveaux maris* au-delà d'une part d'enfant le moins prenant ; et cette disposition, comme nous l'avons vu, était interprêtée en ce sens que la femme ne pouvait donner *à tous ses maris ensemble* qu'une part d'enfant. Nous avouons que le texte de l'article 1098 n'est pas aussi favorable à cette interprétation que celui de l'édit qui ne pouvait vraiment pas laisser de doutes dans l'esprit des jurisconsultes. Notre article en effet ne parle qu'au singulier, tandis que l'édit parlait au pluriel. Mais on n'en peut pas tirer un argument bien puissant contre nous. Car ne pourrions nous pas dire avec raison que les mots *à son nouvel époux* embrassent le pluriel comme le singulier. Nous l'avons déjà fait remarquer dans une autre question : combien ne trouve-t-on pas dans le Code d'articles où les deux genres sont mis indifféremment l'un pour l'autre? L'art. 757, par exemple... qui doute que cet article s'applique au cas où il y a plusieurs enfants naturels comme à celui où il n'y en a qu'un seul ? Et cependant la loi parle au singulier. On ne peut donc raisonnablement tirer aucun argument contre nous du texte de l'article. Mais ce qui nous frappe, c'est que rien, dans ce texte, n'indique que les rédacteurs du Code aient voulu s'écarter de la règle de l'ancien droit : il nous parait tout naturel dès lors qu'ils aient entendu la conserver. S'ils avaient eu l'intention d'innover, on rencontrerait évidemment soit dans les textes de nos lois, soit dans les travaux préparatoires, la manifestation de cette volonté : or, il nous est impossible de trouver un seul mot qui soit l'indice d'une innovation. Enfin on reconnaitra avec nous qu'il n'est pas vraisemblable qu'on ait voulu élargir sur ce point l'ancien disponible, alors que, dans le même article, et dans la même phrase, on le restreignait sur un autre point, en ne permettant pas de donner la part d'enfant, quand elle excéderait un quart.

A côté de cette doctrine se placent deux autres systèmes.

D'après le premier, les rédacteurs du Code ont modifié l'ancien droit, en ce sens qu'il est permis maintenant de donner successivement à chaque nouveau conjoint une part d'enfant, pourvu, bien entendu, que ces libéralités, réunies à celles faites à des étrangers, n'excèdent point la quotité disponible ordinaire. Ainsi celui qui, ayant un enfant d'un premier mariage, donne un quart de sa fortune à sa nouvelle femme, pourrait encore, s'il n'a pas fait

d'autres dispositions, donner un second quart à
une troisième épouse.

Ce système se fonde sur le texte de la loi : on invoque cette circonstance que l'art. 1098 parle d'un
second ou *subséquent* mariage. et de la quotité que
le conjoint pourra donner *à son nouvel époux*. —
Sans doute l'article parle d'un second ou *subséquent*
mariage, car le cas peut se présenter aussi bien pour
une troisième ou une quatrième union que pour
une seconde ; sans doute le conjoint peut donner la
quotité disponible *à un nouvel époux*, sans distinguer si s'est un second, un troisième ou un quatrième. Mais si la loi autorise un mari à donner
cette quotité à une troisième épouse, par exemple,
c'est qu'elle suppose tout naturellement qu'il n'en
a pas encore disposé au profit de la seconde. Et remarquons que si on voulait s'appuyer sur le texte
du Code, ce texte supposerait plutôt faite une seule
fois cette donation du tout à un seul conjoint ; car
il ne parle pas *des seconds* et *subséquents mariages* ,
pour permettre d'attribuer la quotité à *chaque*
nouvel époux, il parle d'*un second* ou *subséquent*
mariage. Il n'y a donc, selon nous, rien à induire
des termes de la loi en faveur de ce système.

On invoque dans un autre sens le texte de l'article 1098. Selon les auteurs qui adoptent cet autre

système, les derniers mots de l'article, *sans que
dans aucun cas ces donations puissent excéder le
quart des biens*, prouvent d'une manière évidente
que les conjoints successifs ne peuvent jamais recevoir à eux tous au delà du quart ; mais on ne voit
rien qui les empêche d'avoir entre eux tous au delà
d'une part d'enfant. Ainsi l'époux qui, ayant cinq
enfants, aurait donné à sa seconde femme une part
d'enfant, c'est-à-dire un sixième, pourrait encore
donner à une troisième femme la différence de un
sixième à un quart.

Nous ne saurions admettre ce système ; car le sens
qu'on donne aux mots *dans aucuns cas ces donations* ne nous paraît pas exact. Les mots *ces donations* signifient, d'après les partisans de ce système,
plusieurs donations faites par *un seul* époux à *divers conjoints* ; et les mots *dans aucun cas* veulent
dire que le quart ne pourra pas plus être dépassé
pour les donations faites à plusieurs que pour les
donations faites à un seul.

Cette interprétation est fort contestable. Les mots
ces donations paraissent bien signifier simplement
(en exprimant au pluriel la même idée que le commencement de l'article a exprimé au singulier) les
donations que feront à leurs nouveaux conjoints
tous les époux convolant à de nouvelles noces, *les*

donations faites dans le cas dont on vient de parler.
On s'apercevra, en lisant l'exposé des motifs, qu'on
a entendu exprimer, par ces mots, les libéralités que
des époux font à un seul conjoint nouveau, et non
celles qu'un époux ferait à plusieurs conjoints successifs. « Il a été réglé, y est-il dit, que *les donations* au profit *du nouvel époux* ne pourront excéder
une part d'enfant, et que *dans aucun cas ces donations* n'excéderont le quart des biens (1). » Quant
aux mots *dans aucun cas*, nous avons déjà dit ailleurs le motif qui les avait dictés : ils ne sont évidemment qu'une allusion au cas où la part d'enfant
serait de plus du quart, et ils n'ont été mis que
comme une restriction à la règle qui permet de
donner cette part d'enfant (2).

Ainsi, malgré l'autorité des auteurs qui profes-
sent les doctrines que nous venons d'exposer, nous
ne les admettons pas, parce que le sens qui y est
donné au texte de l'art. 1098 nous semble erroné.
Nous croyons qu'il n'y a rien à induire du texte de
la loi en faveur d'aucun système, et c'est pour cette
raison que nous nous en tenons à la règle de l'ancien droit, puisque rien ne prouve que le Code y ait

(1) *V. Fenet.* XII. p. 573.
(2) *V. Fenet.* XII. p. 417.

dérogé. Nous pensons donc que, lorsque plusieurs convols se sont succédé, il ne peut y avoir une part d'enfant pour chaque nouvel époux : les représentants de celui qui le premier en a reçu la donation entière excluent tout époux subséquent. Seulement, si ce premier conjoint donataire a eu moins que la part d'enfant, un autre peut en avoir le complément (1).

Lorsque la quotité disponible fixée par l'article 1098 a été excédée, la disposition n'est pas nulle, elle est seulement réductible (2). Mais par qui la réduction peut-elle être demandée ?

La restriction apportée à la quotité disponible ordinaire par l'art. 1098 a été introduite, comme on sait, afin de protéger les enfants issus d'un pré-

(1) *V. Toullier.* V. 882. *Grenier.* n° 782. *Delvincourt.* II. p. 438 de l'explication. *M. Vazeille.* Art. 1098, n° 10.

(2) Il ne s'agit pas ici d'un statut personnel, mais d'un statut réel. Si la loi fixe une limite qui ne peut être dépassée, ce n'est que pour conserver une partie des biens à certains héritiers, et nullement parceque les nouveaux époux sont incapables de se donner au delà de telle fraction. Ce qui le prouve, c'est que, si on retire les enfants, les époux se trouveront capables de se donner plus qu'à des étrangers ; et si on retire tous les héritiers à réserve, ils seront capables de se donner tous leurs biens. Il ne s'agit donc ici que d'un cas de disponibilité de biens qui est régi par l'art. 920.

cédent mariage, contre les entraînements que subit toujours le père ou la mère qui convole à de nouvelles noces. Le droit de faire réduire les libéralités qui excèdent la part d'enfant le moins prenant ou le quart des biens ne peut donc naître que dans la personne de ces enfants. Il suit de là que, si tous les enfants du premier lit étaient prédécédés ou morts civilement, il n'y aurait plus de réduction possible. Il en serait de même s'ils renonçaient à la succession du disposant ; car alors ils ne seraient plus héritiers, et, comme nous l'avons vu, ils n'auraient plus le droit de réclamer une réserve.

Quant aux enfants du mariage pendant lequel ou en considération duquel la donation s'est faite, ils ne peuvent se plaindre que de ce qui aurait été donné au delà de la quotité fixée par l'art. 1094, Mais comme ce n'est pas dans leur intérêt qu'a été limitée la faculté de disposer au profit d'un nouveau conjoint, ils ne peuvent demander une réduction qui n'est pas établie pour eux ; et par conséquent, lorsque les enfants du premier lit sont morts ou renoncent à la succession, le droit conféré par l'art. 1098 ne peut pas naître, et cet article devient inapplicable.

Mais une fois la réduction opérée sur la demande des enfants du premier lit, profite-t-elle exclusivement à ceux-ci, ou bien sert-elle aussi aux enfants du second mariage ? Autrefois, cette question se décidait différemment dans les pays coutumiers et dans les pays de droit écrit : dans les premiers, tous les enfants indistinctement profitaient du retranchement ; dans les seconds, il n'y avait que les enfants du premier lit qui en profitaient. Nous croyons que, sous le code, la question doit se décider d'après les principes du droit coutumier; c'est-à-dire que, si le droit de demander la réduction ne peut pas s'ouvrir dans la personne des enfants communs, ils en profitent néanmoins, lorsqu'elle a été prononcée sur la demande des enfants du premier mariage. En effet, l'action en réduction a pour objet de remettre les choses dans l'état où elles doivent être, et dans lequel elles auraient été sans l'excès des libéralités. Les biens obtenus par la voie de la réduction rentrent donc dans la succession. Or la succession qui est dévolue à des enfants se partage également entre eux, sans distinguer s'ils sont du même ou de différents lits (745.)

Que faut-il décider dans le cas où l'action en réduction s'étant ouverte dans la personne des enfants du premier mariage, ces enfants négligent de l'exercer ou y renoncent ? Les enfants du second lit pourront-ils ou non l'exercer de leur propre chef?

Dans les pays de droit coutumier, on décidait affirmativement, et nous croyons que c'est encore aujourd'hui la solution qu'il faut admettre ; car dès
l'instant que le droit de réduction est né dans la
personne des enfants issus du précédent mariage,
le même droit s'est ouvert également dans la personne des enfants communs. Il ne peut s'ouvrir que
sur la tête des enfants du premier lit ; mais dès
qu'il est ouvert, il l'est pour tous. S'il en était autrement, le principe que les enfants de différents
lits succèdent également serait violé, puisque les enfants du premier mariage seraient investis d'un droit
que n'auraient pas ceux du second. Et lors même qu'ils
renonceraient à l'action en réduction, ils seraient
encore plus avantagés que les autres ; car cette renonciation constituerait, de leur part, une donation
indirecte qui leur ferait acquérir une créance d'aliments dont ils bénéficieraient seuls. Et puis, il ne
peut pas dépendre des enfants de premier lit d'ané-
antir les droits des autres en renonçant à l'action ;
et surtout la fraude serait trop facile, et la conni-
vence trop à craindre entre eux et le second époux.

En résumé, l'action en réduction ne peut s'ouvrir que dans la personne des enfants du premier
mariage ; mais une fois ouverte au profit de ceux-

ci, elle l'est dans l'intérêt de tous. Ainsi, lorsque ces enfants l'exercent, ceux du second lit en profitent ; quand ils ne l'exercent pas, les enfants du second lit peuvent l'exercer de leur chef (1).

DEUXIEME PARTIE.

DU DISPONIBLE ENTRE ÉPOUX, DANS SES RAPPORTS AVEC LE DISPONIBLE ORDINAIRE.

Jusqu'ici nous avons constamment raisonné dans l'hypothèse où le disposant n'a fait d'autres libéralités que celles dont il a gratifié son conjoint. Nous allons nous occuper maintenant du cas où des libéralités faites à un époux concourent avec des libéralités faites à d'autres personnes.

La première question qui se présente, est celle de voir si les deux quotités disponibles, ordinaire et spéciale, peuvent être cumulées, si on peut donner

(1) *V. Toullier, V.* 879.
Grenier, n° 697.
M. *Duranton,* IX, 816 et suiv.
M. *Vazeille,* art. 1098, n° 3.
M. *Coin-Delisle, id.* n° 8.

à son conjoint le disponible entier des art. 1094 et
1098, et donner aussi le disponible entier des articles 913 et 915 à des étrangers. (Par *étrangers*,
nous entendons ici toute personne autre que le
conjoint du disposant, même ses enfants). — La
solution de cette question n'est pas douteuse : les
deux quotités ne peuvent jamais être cumulées.
Comment admettre qu'un homme qui a un enfant,
puisse donner à sa femme un quart de ses biens en
propriété et un quart en usufruit, et donner, d'un
autre côté, à un étranger la moitié en pleine propriété? que resterait-il aux réservataires ? Le quart
en nue-propriété !... Et si le disposant avait deux
ou trois enfants ou davantage, la réserve n'en
serait pas moins dérisoire. Ce serait bien autre
chose encore dans le cas où le donateur n'aurait pas
d'enfants, mais seulement des ascendants. Le cumul
des deux quotités disponibles *dépasserait la totalité du patrimoine*, comme il est facile de le voir,
en combinant les art. 915 et 1094 (1er al.). Et ce
ce que nous disons de l'art. 1094 serait d'une exac-
titude aussi incontestable pour l'art. 1098. Il est
donc bien entendu que, dans aucun cas, les deux
quotités ne peuvent être données en entier ; et il eût
vraiment été inutile de dire une chose aussi évi-

dente, si une cour d'appel n'avait, par une singulière aberration, jugé le contraire (1).

Ainsi, le père de famille ne pouvant donner les
deux quotités entières, quelle est celle dont il pourra
disposer ? Sera-ce la quotité ordinaire des art. 913
et suiv., ou bien la quotité spéciale, dont nous nous
occupons, qui servira de règle pour déterminer
quelle peut être l'étendue des dispositions ? Tantôt
l'une, tantôt l'autre, disent la plupart des auteurs,
en suivant celle qui autorisera la plus forte libéralité. On ne pourra rien donner au-delà, c'est incontestable, d'après ce que nous venons de dire.
Mais sera-t il même toujours permis d'atteindre le
chiffre du disponible le plus élevé, sans distinction
de circonstances, pourvu, bien entendu, que l'é-
tranger d'une part, et l'époux de l'autre, n'aient
rien reçu au-delà de leur quotité respective ? Peut-
on, en un mot, poser en principe que toutes les fois
que la libéralité faite à l'époux ne dépassera pas les
limites des art. 1094 et 1098, que celle faite à l'é-
tranger ne dépassera pas la limite des art. 913 à

(1) *Agen*, 27 Août 1810.

V. Contra : arrêts *Toulouse*, 20 Juin 1809. (*V*. Sirey, 10,
2, 13).

Cass. 21 Juillet 1813. (*id.* 1813, I. 441).

915, et qu'enfin la somme de ces deux libéralités n'excédera pas la quotité disponible la plus élevée, les deux dispositions échapperont nécessairement et toujours à la réduction ? C'est là un des points les plus difficiles et les plus controversés du Code. La question est complexe : nous la résoudrons donc avec des distinctions.

D'abord, quand la quotité la plus forte est la quotité ordinaire des art. 913 à 915, il nous semble évident qu'on doit appliquer, sans hésiter et dans tous les cas, le principe que nous venons d'énoncer. Ainsi quand l'époux qui n'a qu'un enfant, et dont le disponible le plus fort est de moitié en pleine propriété, a donné à un étranger une partie seulement de ce disponible, il est clair qu'il peut ensuite donner le reste à son conjoint pourvu que ce reste ne dépasse pas les limites fixées par les art. 1094 et 1098. De même, s'il a commencé par donner à son conjoint une partie de la quotité de 913 (dans les limites de 1094 et 1098, bien entendu), il est évident qu'il peut donner le reste à qui bon lui semblera. On ne saurait trouver aucune raison, aucun prétexte de réduire l'une ou l'autre de ces libéralités ; aucun des donataires n'a reçu plus qu'il ne pouvait recevoir, et le donateur n'a rien donné au-delà de ce dont il pouvait disposer d'après le droit commun. Mais si, par exemple, un étranger avait reçu un sixième, c'est-à-dire deux douzièmes des biens en toute propriété, et l'époux un tiers c'est-à-dire quatre douzièmes , bien que le total n'excédât pas le disponible ordinaire de 913, puisqu'il est de six douzièmes, ou la moitié, cependant la disposition en faveur du conjoint devrait être réduite : en effet, l'art. 1094 ne permet de lui donner que le quart en pleine propriéte et le quart en usufruit, ou la moitié en usufruit, et ici il a le tiers(quatre douzièmes)en propriété ; il faudrait donc réduire de un douzième quant à la nue-propriété.

Mais toutes les fois que l'époux et l'étranger n'ont pas au-delà de leurs quotités respectives, et que le disponible le plus élevé n'est pas excédé, les deux dispositions doivent être maintenues dans notre hypothèse, c'est-à-dire dans le cas où la quotité de 913 est la plus considérable. Ce n'est donc pas là qu'est la difficulté ; elle se rencontre lorsque c'est l'autre quotité disponible qui est la plus élevée (1).

Dans cette hypothèse, il faut distinguer trois cas :

(1) Nous ne parlerons ici que de l'art. 1094 . L'art. 1098 ne doit pas nous occuper, puisque la quotité disponible entre époux ayant des enfants d'un précédent mariage , n'est jamais plus considérable que la quotité disponible ordinaire.

1° la donation faite à l'étranger est antérieure à celle du conjoint ; 2° les deux donations sont simultanées ; 3° la disposition en faveur du conjoint est antérieure à celle en faveur de l'étranger.

Nous allons étudier successivement ces différents cas.

I. *La libéralité faite à l'étranger est antérieure à celle faite à l'époux.* — Un père de famille ayant trois enfants, donne à un étranger la quotité disponible ordinaire de 913, c'est-à-dire un quart ; pourra-t-il, postérieurement, donner à son conjoint l'excédant de la quotité de 1094 sur 915, c'est-à-dire un autre quart en usufruit ? — L'affirmative n'est pas douteuse. Il nous est impossible de voir sur quels motifs on se fonderait pour réduire ces libéralités. Nous ne nous arrêterons donc point à ce cas, sur lequel il n'y a pas de contestation.

II. *Les deux libéralités sont simultanées.* — A notre avis, dans cette hypothèse, la solution ne doit pas être plus incertaine que dans la première. Ainsi un homme, dans son testament, donne la moitié de l'usufruit de ses biens à sa femme, et un quart de nue-propriété à un étranger ; ou bien encore, un homme n'ayant pas d'enfant, mais ayant encore son père ou sa mère, fait un testament par lequel il

lègue à son neveu tout son bien, c'est-à-dire tout le
disponible de son bien, les trois quarts dans l'espèce,
et à sa femme l'usufruit du quart réservé au père
ou à la mère. Il nous parait évident que ces deux
legs ne doivent pas être réduits.

Cependant, quelques jurisconsultes ont soutenu
le contraire. Ils disent, dans la dernière espèce, que
le bénéfice de l'art. 1094, qui permet d'ajouter au
disponible ordinaire l'usufruit de la réserve des ascendants, ne peut profiter qu'à l'époux ; tandis
qu'ici, selon eux, on en fait profiter le neveu ; et
ils prétendent que, malgré le testament, le quart
d'usufruit légué à la femme doit se prendre sur le
legs universel du neveu, et que le père ou la mère
doivent avoir leur quart en pleine propriété. —
Cette doctrine nous parait fausse ; car nous ne pouvons pas voir en quoi le neveu profite ici du bénéfice de 1094, puisqu'il ne reçoit que les trois quarts
que l'art. 915 permet d'attribuer à tout le monde,
quand le disposant ne laisse d'ascendants que dans
une ligne, et puisque c'est la femme seule qui
prend l'usufruit de la réserve du père ou de la mère.

On a fait contre notre système un autre raisonnement. On dit que le droit de disposer de l'usufruit de la portion réservée aux ascendants est un
recours extrême ouvert seulement au profit du con-

joint, pour le cas où l'on n'a pas d'autres ressources ; mais que, donner cet usufruit au conjoint, au moment même où l'on dispose de tout le reste de la quotité disponible en faveur d'un tiers, c'est faire profiter d'autant ce tiers. En effet, dit-on, quand même l'art. 1094 n'existerait pas, on aurait toujours gratifié son conjoint ; seulement, on aurait pris le quart d'usufruit sur le legs fait à l'étranger. Donc cet étranger profite de la disposition de 1094.

Cette doctrine n'est guère soutenable ; car si l'on peut donner à son conjoint, d'abord les trois quarts en pleine propriété, et en outre le dernier quart en usufruit, c'est là une faculté, et rien n'empêche, en donnant les trois quarts à un étranger, d'après l'article 915, de donner l'usufruit du dernier quart à son conjoint, d'après l'article 1094. En un mot, pourvu qu'on n'excède pas les limites légales, on peut distribuer son disponible à sa volonté. Quant à dire que l'étranger profite de 1094 parce que, sans cet article, le disposant aurait pris sur son legs le quart d'usufruit qu'il donne à son conjoint, c'est là une supposition purement gratuite. On n'a pas le droit de raisonner ainsi, et d'interpréter arbitrairement de cette façon ce que le disposant a fort bien pu vouloir et entendre autrement. Qui nous dit qu'il ne tenait pas absolument à gratifier l'étranger

de tout ce qu'il lui a donné, comme il en avait bien
le droit? Qui nous dit même qu'il ne tenait pas plus
encore à la donation de l'étranger qu'à celle du conjoint? En tous cas, toutes deux lui étaient permises;
et ce n'est point par de simples suppositions qu'on
peut arriver à l'annulation de l'une d'elles.

Il est clair que, en supposant trois enfants par
exemple, on ne pourrait pas donner en même temps
une moitié d'usufruit à un étranger, et le quart de
nue propriété à son conjoint, bien que l'ensemble des
libéralités n'excédât pas le disponible le plus élevé;
car l'étranger aurait alors plus que la loi ne permet
(913 et 917). Mais dès l'instant que les deux dispositions se renferment dans les limites de leurs quotités
respectives, et qu'elles ne dépassent pas la quotité la
plus forte, elles sont, selon nous, inattaquables, aussi
bien quand elles sont faites simultanément, que quand
celle de l'étranger est antérieure à celle du conjoint.
La disposition du père de famille ne semble-t-elle
pas trop naturelle pour être contrariée? S'il eût pu
prévoir que l'exécution de sa volonté dut éprouver
quelques difficultés, ne lui eût-il pas été facile de
les éviter, en donnant à l'étranger par forme de
donation entre vifs, en même temps qu'il donnait à
l'époux pour testament? En adoptant ce moyen
détourné, aurait-il assuré l'exécution de sa double

disposition? Oui, évidemment; car alors on rentrerait dans le premier cas que nous avons examiné, celui où le disposant a donné d'abord à un étranger; et nous avons vu que, dans cette hypothèse, tout le monde était d'accord que le conjoint pouvait recevoir ensuite ce qui restait de la quotité de 1094. On ne saurait admettre que la loi ait entendu forcer les personnes qui voudraient faire des dispositions simultanées à un époux et à un étranger, à recourir à de tels subterfuges pour assurer l'exécution de leur volonté (1).

III. *La libéralité faite au conjoint est antérieure à celle faite à l'étranger.* — Un père de famille a donné à sa femme l'usufruit de la moitié de ses biens: peut-il, postérieurement, donner un quart en nue-propriété à un étranger? Ou bien encore, il a donné à sa femme un quart en pleine propriété, peut-il donner ensuite à un étranger un quart en usufruit? Nous sommes toujours, bien entendu, dans l'hypothèse où la quotité de 1094 est la plus

(1) *V.* arrêts.—*Turin* 25 Avril 1810. (J. P. VIII. 3ᵉ édition p 256)

Limoges, 24 août 1822. (*id.* XVII, p. 595).

Lyon, 29 janvier 1824. (Sirey, 25, 2, 47).

Cass., 3 janvier 1826. (*id.* 26, 1, 269).

Cass., 28 novembre 1840. (*id.* 1841, 1, 90).

forte. — C'est là le cas le plus difficile, le seul même
qui, selon nous, puisse faire naître des doutes sérieux. La cour de cassation décide constamment la
négative. Mais les cours d'appel, celle du midi surtout, semblent protester, par leurs arrêts, contre
cette jurisprudence de la cour suprême, qui est
combattue, du reste, par le plus grand nombre
des auteurs. Cette doctrine, en effet, nous paraît
erronnée. Nous croyons que l'ordre dans lequel les
deux libéralités ont été faites est insignifiant, et
qu'on peut donner à un étranger, après avoir donné
à un conjoint, ce qu'on pourrait lui donner si l'on
commençait par disposer en sa faveur. Ainsi, selon
nous, rien n'empêche un homme qui a donné d'a-
bord à sa femme la moitié de sa fortune en usufruit,
ou un quart en pleine propriété, de donner dans
la suite à qui il voudra un quart en nue-propriété,
ou un quart en usufruit.

Et d'abord il est facile de démontrer que prétendre le contraire, que vouloir empêcher un homme
qui a donné à sa femme une partie de la quotité disponible de 1094, de donner ensuite le reste à un enfant, par exemple, c'est se mettre en contradiction
avec les principes d'après lesquels la quotité disponible a été fixée. Au lieu de donner plus de lati-
tude au disposant, en raison de ce qu'il doit s'oc-

cuper du sort d'un ou de plusieurs de ses enfants, en même temps que de celui de son conjoint, on restreint au contraire sa faculté de disposer; en sorte que, donnant exclusivement au conjoint, il pourrait épuiser la quotité déterminée par l'article 1094; tandis que si, étendant sa sollicitude sur divers membres de sa famille, il croyait devoir donner quelque chose à un ou plusieurs de ses enfants, après avoir assuré le sort de son conjoint, il serait obligé de se renfermer dans les limites de l'article 913. N'est-ce pas, évidemment, contraire à l'esprit de la loi ?

La portion disponible a été déterminée par le législateur eu égard à l'appréciation qu'il a faite de l'intérêt des familles, et de l'intérêt politique attaché à l'exercice du droit de donner ou de tester. Mais l'ordre qu'il convient à chaque père de famille de suivre en usant de ce droit, ne peut nullement en restreindre ni en étendre les limites. Si le disposant avait commencé par donner à un étranger, il pourrait ensuite donner à son conjoint ce qui reste de la quotité de 1094, c'est évident. Et s'il a donné d'abord à son époux, il ne pourrait plus donner à un de ses enfants, par exemple, ce qui reste de cette quotité ! Les limites de son droit seraient plus ou moins larges, suivant l'ordre qu'il aurait suivi ! On

9

fait donc alors de l'étendue du droit de disposer une question de date? Mais l'étendue de ce droit n'est jamais déterminée que par le nombre et la qualité des héritiers que l'on dépouille ou des personnes que l'on avantage. Ainsi, dans les articles 913, 915, 1094, c'est le nombre et la qualité des réservataires qui déterminent la quotité disponible et la réserve; dans les articles 908 et 912, c'est encore d'après des considérations de personnes, telles que les qualités d'enfant naturel et d'étranger, que des limites sont imposées à la faculté de disposer. Voilà le principe. Il résulte de là que toutes les fois que le nombre et la qualité des réservataires sont les mêmes, la quotité disponible et la réserve doivent être les mêmes aussi, et que si une espèce présente les mêmes conditions de personnes qu'une autre espèce, la décision doit être la même dans les deux cas. Qu'importe dès lors que la donation faite à un enfant ou à un étranger soit postérieure ou antérieure à celle faite au conjoint? Si elle est valable dans un cas, peut-elle ne pas l'être dans l'autre? En d'autres termes, la date de la donation à l'enfant ou à l'étranger change-t-elle rien au nombre des réservataires et à la qualité de l'époux qui a été aussi gratifié? Non, évidemment. Il est donc impossible de ne pas donner pour les deux cas la même solution.

Il est bien certain que c'est ajouter à la loi que de considérer la date comme un des éléments déterminant l'étendue de la quotité disponible. D'après les art. 923, 926 et 930, la date sert à déterminer l'ordre dans lequel doit avoir lieu la réduction, lorsque les libéralités sont excessives; mais quant à la question préjudicielle de savoir s'il y a lieu à réduction, cette circonstance est sans influence. La date fixe donc l'exercice de l'action en réduction une fois admise; mais elle est sans influence pour la faire admettre. La cour de cassation, réglant les rapports de l'art. 1094 avec l'art. 915, a dit, avec raison, que si l'intention du législateur eût été que la disposition en faveur de l'époux, de l'usufruit de la réserve des ascendants, ne pût recevoir son exécution qu'autant que le défunt aurait disposé au profit de cet époux de toute la quotité de 915, il n'aurait pas manqué de le dire, et que, ne l'ayant pas fait, les tribunaux n'avaient pas le droit de l'exiger. Nous dirons, avec autant de raison, que si l'intention du législateur eût été de subordonner l'exercice du droit conféré par l'art. 1094 à la priorité de la donation faite à l'étranger, il n'aurait pas manqué de l'exprimer; or, il ne l'a pas fait, et ce serait apporter à l'art. 1094 une restriction ou une condition qui n'est pas admise par cet article, ce qui n'est pas au pouvoir des tribunaux.

La quotité de biens qui est indisponible entre les mains d'un propriétaire est dans le domaine de la loi, parce qu'il n'appartient qu'à elle seule de frapper d'indisponibilité une partie plus ou moins considérable du droit de propriété. Mais la manière de disposer, les conditions, toutes les modifications de la distribution, le choix du donataire et du légataire ont été placés par la loi dans le domaine de l'homme. Les réserves sont déférées aux légitimaires par l'autorité de la loi, et la volonté de l'homme n'y peut rien, c'est vrai ; mais cette volonté peut tout sur la quotité disponible, qui est une émanation directe du droit de propriété, c'est-à-dire du droit de disposer de la manière la plus absolue (544), droit que les réserves n'ont pas paralysé. Et cependant, ne cesserait-elle pas d'être une quotité vraiment *disponible*, si on entravait la liberté du chef de famille en lui imposant un ordre dans lequel il serait obligé de disposer; si, en raison de cet ordre, il pouvait l'augmenter ou la diminuer ? La loi dit à l'homme qu'il pourra disposer de la manière la plus absolue ; et elle lui déclarerait ensuite qu'il ne jouira de ce droit tout entier, qu'à la condition de disposer dans un certain ordre chro-

nologique ! Ce ne serait plus un crédit dont il joui-
rait d'une manière absolue.

Il est d'ailleurs facile de voir combien la date des
deux libéralités est insignifiante. Supposons qu'un
homme qui a trois enfants, donne à sa femme, pendant le mariage (libéralité toujours révocable), le
quart de pleine propriété de ses biens. Plus tard, il
donne entre-vifs l'usufruit d'un autre quart à un
étranger, et meurt sans avoir révoqué la première
donation. Que va-t-on faire ? dira-t-on que la seconde disposition doit être réputée non avenue, par
cela seul que la première n'a pas été révoquée ? ce
ne serait guère raisonnable ; car pour assurer l'effet de cette seconde donation, le donateur n'aurait
eu qu'à révoquer celle faite à son épouse, et à la re-
nouveller le lendemain de la révocation ; et alors,
comme la donation de l'étranger se trouverait la
première en date , les deux dispositions seraient
valables. Eh bien ! comment une circonstance aussi
puérile pourrait-elle influer sur l'étendue de la quotité disponible? Il en est de même si la donation a
été faite à la femme par contrat de mariage sous
une condition potestative. Répétons donc ce que
nous avons dit pour le cas où les deux donations sont
simultanées : on ne peut pas vraisemblablement voir

dans la loi une doctrine qu'il serait si facile d'éluder.

Ce qui prouve encore que telle n'a point été la pensée du législateur, c'est que le système que lui prêtent les adversaires de notre opinion, aurait l'immense inconvénient de multiplier les complica- tions et les difficultés, et de porter ainsi l'inquiétude dans le sein des familles. Celui qui voudrait user com- plétement de son droit de disposer, serait obligé de se fatiguer l'esprit pour combiner ses différentes dis- positions. Il ne pourrait pas donner à sa femme le quart de sa fortune, en propriété, par contrat de ma- riage (à moins que sous condition potestative), parce qu'alors il ne pouvait plus rien donner dans la suite à un de ses enfants, par exemple. Il serait donc obli- gé d'attendre la naissance de l'enfant, pour le pla- cer au rang de premier donataire. Mais peut-être que la mort viendrait le surprendre dans cette at- tente; et alors la femme qu'il voulait avantager pos- térieurement, ne recevrait rien. Il faudrait que la loi se fût expliquée formellement sur le cas qui nous occupe, pour qu'on dût admettre un système qui conduirait à des résultats aussi bizarres. Or le le Code reste muet, et c'est évidemment ajouter à la loi que de l'interpréter ainsi.

La cour de cassation est, nous l'avons dit, oppo-

sée à notre doctrine. Appelée bien des fois à se prononcer sur le sort d'une donation de la nue-propriété du quart des biens faite à un étranger, après
une donation de la moitié en usufruit, faite à un
conjoint, la cour a constamment jugé que la disposition en faveur du conjoint devait seule être maintenue. Entre autres considérations, elle invoque ce motif qu'il n'est pas indifférent pour les réservataires
que le quart de nue-propriété soit donné à l'époux
ou à un étranger, parce que, dans le premier cas, ils
conservent l'espérance de retrouver ce quart dans
la succession du conjoint donataire. — Nous dirons
d'abord que leur espérance pourra bien être dé-
çue, que l'époux aura souvent disposé des biens donnés. Mais du reste, la circonstance que les réservataires devraient retrouver ces biens dans la succession du conjoint donataire, nous semblerait plutôt
un motif pour permettre au disposant de donner
à un étranger une portion de la quotité disponible,
puisque la donation précédente faite à l'époux doit
tourner au profit des réservataires.

Les adversaires de notre système posent en principe que la première libéralité doit toujours s'imputer sur le disponible de l'art. 913, soit qu'elle
s'adresse au conjoint ou à un étranger, et qu'une

fois ce disponible ordinaire épuisé, il ne reste plus
que le crédit extraordinaire de 1094 qui n'est pas
ouvert pour l'étranger. — Nous croyons au contraire que chaque libéralité doit s'imputer d'abord
sur celle des portions disponibles à laquelle elle se
rapporte : ainsi, le don fait à un enfant ou à un
étranger s'impute sur la quotité de 913 , et celui
fait au conjoint, sur la quotité de 1094. Telle est
évidemment l'intention du disposant, alors même
qu'il ne l'a pas exprimée ; et il n'y a pas à rechercher si la donation de l'époux est antérieure ou postérieure à celle de l'étranger. Du moment que l'un
des époux dispose d'une quotité de sa fortune au
profit de l'autre, ce n'est plus 913 , c'est 1094 qui
contient la limite de la faculté de disposer. Il est
évident que l'étranger ne peut pas se prévaloir de
l'art. 1094 qui n'est fait que pour l'époux ; aussi
ne l'invoque-t-il pas. Il se fonde toujours sur l'art.
913 dont le disposant n'a pas usé. La donation faite
à l'époux repose sur l'art. 1094 ; et le disponible
de cet article n'a pas été épuisé , précisément afin
de rendre possible à son tour l'application de 913,
dans les limites combinées des deux articles. Comment concevoir que le concours des deux libéralités
étant admis lorsque celle du conjoint est antérieure,
il puisse être rejeté dans le cas inverse, sous le prétexte

que l'extension du disponible profiterait dans ce dernier cas à l'étranger ? Nous avouons que la puissance des dates ne va pas jusqu'à nous faire comprendre que, deux libéralités étant faites, l'une des deux est valable ou caduque, suivant qu'elle se trouve avant ou après l'autre, alors que, dans l'un et l'autre cas, elle comprend exactement la même quotité.

N'est-il pas naturel d'ailleurs de commencer par donner à son conjoint avant de donner à ses enfants? (Car c'est très ordinairement à ses enfants qu'on fera des libéralités). Avant d'être père, on est époux. On ne peut faire des libéralités à des personnes qui n'existent pas encore. Dans le midi de la France par exemple, presque toujours les époux se font par leur contrat de mariage une donation réciproque de l'usufruit de la moitié de leurs biens. Si le donateur a trois enfants de son mariage, sa faculté de disposer serait donc entièrement épuisée? Ce n'est pas admisible; et tous les jours d'ailleurs on voit des époux qui se font de telles libéralités, en faire par la suite d'autres à leurs enfants, dans la ferme persuasion que le code les leur permet. (1) Sous la loi

(1) Cet usage du midi peut, dans l'application, donner lieu à des difficultés. Deux époux sont convenus, dans leur contrat de

du 17 Nivose, la question qui nous occupe était sans hésitation résolue dans notre sens. Comment

mariage, que le survivant des deux aurait l'usufruit de la moitié des biens du prédécédé. Plus tard, en mariant leur fils aîné, ils lui ont donné, par préciput, la nue-propriété du quart de leurs biens. Voilà comment les choses se passent ordinairement. La femme meurt. *Quid juris?* — La donation du mari à sa femme ne produit pas d'effet, puisqu'elle était subordonnée à la condition de survie de la femme, et que celle-ci est prédécédée ; par conséquent il est bien clair que le don de la nue-propriété du quart de ses biens que le mari a fait à son fils, est inattaquable aux yeux de tout le monde, puisque, par le fait, il n'a rien donné encore sur sa quotité disponible. Mais la donation de la femme à son mari a produit son effet ; par suite les héritiers de la femme pourront bien prétendre que celle-ci n'avait plus le droit de rien donner à son fils. Il va sans dire que, selon nous, leur prétention ne serait pas fondée ; c'est la thèse que nous soutenons. Mais si l'on craignait que les tribunaux n'autorisassent pas le cumul des deux libéralités, le mari qui voudrait assurer à son fils le quart en nue-propriété des biens de sa mère, n'aurait qu'à renoncer à son gain de survie. On a contesté la validité de cette renonciation, mais à tort, selon nous. On dit en vain que l'époux en renonçant, ne peut changer la position des réservataires, et donner la vie à un don préciputaire qui, sans la renonciation, serait nul ou inutile. La mort du disposant n'a déterminé qu'une chose : la consistance de la quotité disponible et l'étendue de la réserve ; quant à la question de savoir qui recueillera cette quotité disponible, il faut attendre le parti que prendront les

donc le code qui a étendu la faculté de disposer aurait-il été restrictif dans ce cas particulier? Il est

donataires les plus anciens. Il est vrai qu'aux termes de l'art. 786, la part du renonçant accroît à ses cohéritiers; mais on n'en saurait induire que la renonciation de l'époux à ces gains de survie doit accroître aux réservataires. Les termes de cet article, et la place qu'il occupe dans le Code, prouvent qu'il ne s'applique qu'à la part dévolue par la loi dans les successions *ab intestat*. L'époux pourra donc abdiquer purement et simplement son gain de survie. Seulement, comme on suppose qu'il ne l'a fait que pour favoriser le don préciputaire, celui qui le recueillera sera tenu de rapporter à la succession du renonçant le montant des valeurs auxquelles celui-ci a renoncé.

La renonciation aux gains de survie serait-elle valable également, si elle avait lieu pendant le mariage? Ainsi une femme a donné à son mari la moitié de l'usufruit de ses biens en cas de survie; plus tard, elle veut faire une donation à son fils : le mari peut-il renoncer à son gain de survie ? — La question semble plus douteuse ; cependant, nous déciderons encore affirmativement. On dit bien que cette renonciation constitue une violation de l'art. 1395, qui déclare que les conventions matrimoniales ne peuvent recevoir aucun changement après la célébration du mariage. Mais nous répondrons que renoncer au bénéfice résultant d'une convention, ce n'est pas changer cette convention, c'est au contraire une manière de l'exécuter ; car renoncer à un droit, c'est prouver nécessairement qu'on en est saisi, c'est faire acte de propriétaire.

V. arr. Cass. 18 avril 1812. (Sirey, 13, 1, 138).

juste que celui qui a donné à sa femme une partie de la quotité de 1094, puisse encore récompenser un bienfait, ou réparer les inégalités que le hasard a pu établir entre ses enfants, et qu'il n'a pas prévues lors de la donation. Si on lui refuse ce droit, on détruit la puissance paternelle; on brise dans les mains du père de famille le pouvoir si moral dont il est nécessaire qu'il soit investi ; car on lui enlève tous moyens de récompenser ou de punir ses enfants, de donner, suivant l'expression de l'orateur du gouvernement, des consolations à ceux qui éprouvent les disgrâces de la nature ou les revers de la fortune. Enfin, décider autrement c'est créer une exception au principe que la portion disponible est divisible; or on sait qu'il n'y a d'exceptions que celles qui sont écrites dans la loi. En vain voudrait-on trouver cette exception dans les mots *en outre* de 1094. Ces mots signifient simplement que la quotité disponible spéciale peut être donnée à l'époux, fût-il déjà légataire de la quotité disponible ordinaire. Reconnaître à l'art. 1094 un autre sens, ce serait arriver à ce résultat que, pour mettre à profit sa disposition, l'époux serait tenu de donner toute sa fortune à l'autre époux, sans même pouvoir rien en distraire au profit d'un homme qui lui aurait sauvé la vie. Jamais une pareille pensée n'a dû guider le législateur.

La première libéralité doit dans tous les cas, dit-on, s'imputer sur la quotité de 913, qu'elle soit faite au conjoint ou à un étranger. — Mais on conviendra qu'il est des cas où cette imputation est, par la force même des choses, absolument impossible. Lorsque celui qui a trois enfants donne d'abord à son conjoint la moitié de ses biens en usufruit, ou, s'il n'a que son père ou sa mère, l'usufruit de tous ses biens, comment veut-on que cette disposition s'impute sur le disponible des articles 913 à 917, puisque, d'après ces articles, on n'aurait pas pu donner plus du quart ou des trois quarts en usufruit comme en propriété. Il est évident que légalement la donation n'a pu être faite qu'en vertu de l'art. 1094; si elle est valable, c'est uniquement par ce qu'elle frappe sur le disponible de cet article; si cet article n'existait pas, elle ne pourrait pas être maintenue. Il est donc inexact de dire que la première libéralité doit toujours s'imputer sur la quotité ordinaire de 913.

De plus, dans le système de nos adversaires, on change arbitrairement et illégalement la nature de la disposition. Un homme a donné à sa femme la moitié de ses biens en usufruit; comment raisonne-t-on pour prétendre qu'il ne peut plus rien donner à un étranger? On dit que si le bénéfice spécial au

conjoint n'avait pas existé, la donation à lui faite
de moitié en usufruit se serait trouvée excessive,
et aurait été transformée par l'héritier en un quart
de pleine propriété; qu'ainsi tout le disponible ordinaire aurait été épuisé; que dès lors la seconde
donation n'aurait pas été possible, et que par conséquent, ce serait faire profiter l'étranger du bénéfice réservé aux époux, que de maintenir cette seconde donation.

Mais c'est là un raisonnement que nous ne saurions admettre. Quand le disposant a fait un acte
qui lui était permis, on n'a pas le droit de dire qu'il
l'aurait fait également s'il lui avait été défendu.
Si l'acte a été fait, si on a donné, moitié d'usufruit
c'est que la loi le permettait : l'acte est parfaitement
légal, et doit dès lors être exécuté tel qu'il est. En
agissant autrement, on viole l'art. 1094, et on anéan-
tit les droits du disposant, en dénaturant la libéralité qu'il était autorisé à faire comme il l'a faite.
La loi permet de donner à un conjoint la moitié des
biens en usufruit; on ne peut pas transformer arbitrairement cette disposition en une donation du
quart en propriété.

Il y a encore un autre motif qui ferait rejeter ce
système; c'est qu'il résulte des dispositions du code
que la loi a entendu proscrire en général et autant que

possible, l'évaluation de l'usufruit en propriété.
C'est pour éviter cette appréciation que l'art. 917,
au lieu de soumettre les libéralités excessives en
usufruit à la réduction directe et ordinaire, a seulement donné le choix au réservataire, ou de les
exécuter entièrement, ou de les supprimer entièrement, en abandonnant tout le disponible en propriété. Cette évaluation est donc contraire à l'esprit
de la loi. Et puis, on l'avouera, il est étrange d'es-
timer invariablement l'usufruit la moitié de la
pleine propriété. Ce mode peut se comprendre pour
la perception des droits d'enregistrement ; mais
comment admettre qu'un usufruit établi sur une
tête de quatre-vingts ans, ou frappant sur une ferme
qui rapporte trois pour cent, ait la même valeur
qu'un usufruit qui appartient à un homme de
vingt-cinq ans, ou qui porte sur une maison qui
produit six pour cent. C'est une manière d'estimation commode, mais qui vraiment n'a rien de sérieux. Pour être dans la vérité, la valeur de l'u-
sufruit comparée à celle de la propriété devrait toujours se déterminer d'après les circonstances particulières à chaque espèce. C'est donc à tort qu'on
transforme en don de propriété un don d'usufruit
qui, d'après la loi, était fait valablement à un conjoint.

Pour résumer en deux mots les points importants

et difficiles que nous venons d'examiner, nousdirons que, lorsque deux libéralités faites, l'une à un étranger, l'autre au conjoint, ne dépassent pas par leur réunion le plus fort disponible, et qu'aucune d'elles ne dépasse son disponible propre, elles sont pleinement valables toutes les deux, quelque soit l'ordre dans lequel elles aient été faites; c'est-à-dire que les deux dispositions doivent être maintenues intégralement, sans distinguer si elles sont simultanées, ou si la donation de l'étranger précède celle du conjoint, ou la donation du conjoint celle de l'étranger (1).

(1) *V. Toullier*, *V.* 870 et suiv.

Grenier, II, 584.

M. *Vazeille*, succ. et don., art. 1094, n° 7.

M. *Dalloz*, J. de la C. de Cass., 1832, 2, 220. — 1839, I, 289.

M. *Benech*, quot. disp. entre époux d'après l'art. 1094, 3e partie.

M. *Pont*, Revue de législation, XIX, p. 260 et suiv.

M. *Valette*, *Droit* du 11 mars 1846.

Arrêts. — *Toulouse* 20 juin 1809. (J. P. VII, 3e édit. p. 635).

Turin, 15 avril 1810. (*Id.* VIII, p. 256).

Limoges, 24 août 1822. (*Id.* XVII, p. 595).

Lyon, 10 février 1836. (*Id.* XXVII, p. 1051).

Toulouse, 28 janvier 1843. (Sirey, 43, 2, 194).

Grenoble, 13 décembre 1843. (*Id.* 44, 2, 100).

Une question qui se lie intim. ment à celle que nous venons d'examiner, est la question de savoir comment doit s'opérer la réduction, lorsque des libéralités ont été faites à un conjoint et à un étranger, et que ces libéralités sont excessives. Il ne saurait y avoir de difficultés, lorsque les diverses dispositions ont des dates différentes. Si chacune d'elles résulte d'une donation entre vifs et spéciale, tout le monde est d'accord qu'on appliquera l'art. 923, c'est-à-dire qu'on procédera en réduisant la dernière donation, et en remontant ainsi des dernières aux plus anciennes; si les unes résultent de donations entre vifs et les autres de testaments, aux termes du même article 923, on ne réduira les donations entre vifs, qu'après avoir épuisé la valeur de tous les biens compris dans les dispositions testamentaires. Aucun doute ne s'élève dans ces hypothèses. Le seul cas qui puisse présenter quelque difficulté, est celui où les diverses libéralités ont la même date, parce qu'elles sont écrites dans un même acte de donation, ou dans des testaments. Peu importe qu'il y ait un

Toulouse, 13 août 1844. (*Id.* 45, 2, 38).
Grenoble, 15 juillet 1845. (*Id.* 46, 2, 450).
Toulouse, 23 février 1846. (*Id.* 46, 2, 115),
Paris, 16 novembre 1846. (*Id.* 46, 2, 649).
Agen, 1 décembre 1846. (*Id.* 47, 2, 113 .

ou plusieurs testaments, puisque les diverses dispositions testamentaires, à quelque époque qu'elles
aient été faites, datent toujours du moment du décès
du testateur ; mais il faut, bien entendu, s'il y a
plusieurs testaments, que les testaments postérieurs
ne révoquent les premiers ni expressément ni taci-
tement. Dans cette dernière hypothèse, comment
procédera t-on ? Les libéralités faites au conjoint et
à l'étranger ont la même date, et bien que chacune
reste dans ses limites particulières, elles dépassent
cependant, par leur réunion, le disponible le plus
élevé. De quelle manière opérera-t-on la réduction ?

Le Code n'a pas tracé pour ce cas de règles spé-
ciales ; par conséquent, il nous paraît évident qu'on
doit suivre ici les règles ordinaires, c'est-à dire,
appliquer les articles 923 et 926 : seulement on sera
forcé d'évaluer auparavant en propriété, ce qui
aurait été donné en usufruit, afin de ramener l'objet
de toutes les libéralités à une masse totale et d'une
seule nature. Ainsi, supposons qu'un homme ayant
24,000 fr. de fortune et trois enfants, lègue à sa
femme un quart de ses biens en propriété et un
quart en usufruit, et à un étranger un autre quart
en propriété ; supposons en outre, qu'on évalue
l'usufruit moitié de la pleine propriété. La masse
des legs est de 15,000 fr. On dira que le plus fort

disponible étant, dans l'espèce, de 9,000 fr., le testateur l'a excédé de 6000 fr., et que par conséquent
les deux legs doivent être réduits proportionnellement de cette valeur. — Supposons maintenant
qu'un homme ayant toujours 24,000 fr. de fortune,
et un enfant d'un premier lit, lègue à sa seconde
femme un quart de ses biens et à un étranger une
moitié. Le total des legs est de 18,000 fr. On dira
que, le plus fort disponible étant ici de 12,000 fr.,
le disposant l'a excédé de 6000 fr., c'est-à-dire d'un
tiers. Il faudra donc réduire chaque legs d'un tiers,
en sorte que la femme aura 4000 fr., et l'étranger
8000.

Ce système est, comme on le voit, très simple.
Mais il n'est pas admis par tous les auteurs. Quelques-uns pensent que, quand le disponible est diffé-
rent pour chacun des deux légataires, on ne peut
pas réduire, comme s'il était le même pour tous
deux. Ils enseignent qu'il faut faire concourir les
deux légataires jusqu'à concurrence de la quotité
disponible qui leur est commune, et que le surplus
doit appartenir à celui qui jouit du plus fort disponible.

On comprendrait que le Code eût adopté cette
doctrine; mais il n'en a pas dit un mot. Les dispositions des articles 923 et 926 sont générales; et en

refuser l'application aux legs faits cumulativement à un époux et à un étranger, c'est créer une exception qui n'est pas dans la loi. Ce système peut paraître bon en législation, quoique , selon nous, il aurait l'inconvénient de donner trop peu à ceux qui n'ont droit qu'au disponible le plus faible. Mais quoi qu'il en soit, nous n'avons ici qu'à appliquer la loi, et nous ne trouvons, pour régir le cas qui nous occupe, que les articles 923 et 926 auxquels le Code n'a pas dérogé. Nous croyons donc qu'on doit réduire par une seule opération toutes les libéralités simultanément et proportionnellement. C'est l'opinion générale; et un des auteurs qui semblait l'avoir abandonnée pour se ranger à l'avis de nos adversaires, y est bientôt revenu d'une manière formelle.

Faisons remarquer que, selon nous, il y a lieu ici à l'application de l'art. 927. Si donc le testateur avait déclaré qu'il entend que le legs fait à son conjoint soit exécuté de préférence à celui fait à l'étranger, ou réciproquement, sa volonté devrait être observée (1).

(1) *Toullier*, V, 872.
Grenier, 595.
M. *Duranton*, IX, 787.
M. *Coin-Delisle*, 18.

APPENDICE.

Si la loi se fût contentée de déterminer les limites dans lesquelles les donations sont permises entre époux, son œuvre eût été inachevée. Elle a dû, afin de la compléter, prévenir l'effet des voies indirectes qui auraient pu être employées, pour dépasser les limites qu'elle a tracées. C'est dans ce but qu'ont été écrits les articles 1099 et 1100.

Le texte de l'art. 1099 a donné lieu à une grave controverse. Il est ainsi conçu : « Les époux ne pourront se donner indirectement au delà de ce qui leur est permis par les dispositions ci-dessus. Toute donation ou déguisée, ou faite à personnes interposées sera nulle. » Comment faut-il entendre la règle de cet article ? Faut-il distinguer les donations *indirectes* de celles qui sont *déguisées* ou *fai-*

tes à personnes interposées, et dire que les premières sont *réductibles* seulement, tandis que les
secondes sont radicalement *nulles ;* ou bien au
contraire, doit-on déclarer que les libéralités *déguisées* ou *faites par personnes interposées* sont simplement, comme les libéralités *indirectes, réductibles* au montant de la quotité disponible ? Telle
est la question que nous avons à examiner.

Nous croyons devoir adopter la première opinion.
En effet, selon nous, le Code distingue les donations indirectes de celles qui sont déguisées sous
la forme d'un contrat onéreux, ou faites par personnes interposées. Ce qui le prouve, c'est qu'il
attribue leur nom spécial aux libéralités qui sont
dissimulées sous l'apparence d'un contrat à titre onéreux, ainsi qu'à celles qui se font au moyen d'une
interposition de personnes, et qu'il ne laisse le nom
de donations indirectes qu'aux libéralités qui, sans
s'annoncer ouvertement comme telles, s'accomplis-
sent pourtant autrement que par l'une de ces deux
voies. Sans doute, on pourrait embrasser sous le
nom de *donations indirectes* toutes celles qui se font
par une voie détournée, quelle qu'elle soit; mais tel
n'a pas été le langage de la loi : elle donne à ces
diverses classes de libéralités des qualifications différentes, et le texte si formel de notre article

prouve qu'elle les traite aussi différemment quant à leurs résultats. « Les époux ne pourront se donner *indirectement au-delà* de ce qui leur est permis par les dispositions ci-dessus. » Ainsi les donations indirectes sont simplement *réductibles* à la mesure du disponible indiqué par les articles précédents. Lorsqu'un homme qui ne pouvait donner à sa femme que 10,000 fr., lui a vendu pour 25,000 fr. une maison qui en valait 40,000, il lui a ainsi donné indirectement 15,000 fr. ; cette libéralité indirecte devra donc être diminuée d'un tiers, c'est-à-dire réduite à 10,000 fr, montant de la quotité disponible. — Au contraire, « toute donation ou *déguisée* ou faite *à personnes interposées* sera *nulle.* » Ainsi on doit *annuler* d'une manière absolue, et pas seulement jusqu'à concurrence de la quotité disponible, les libéralités qu'on a cachées sous la forme d'un acte onéreux ou par une interposition de personnes. Si donc, en supposant toujours un homme pouvant donner à sa femme 10,000 fr., cet homme avait déclaré vendre à sa femme une maison qu'il lui donnait, ou bien, s'il l'avait donnée à la mère de sa femme, pour qu'elle la lui transmît, la donation serait radicalement nulle, alors même que la maison donnée ne vaudrait pas plus de 10,000 fr.

La distinction que nous établissons ici n'est pas nouvelle dans le droit. Pothier (1) nous dit que les jurisconsultes romains l'avaient enseignée: « A l'é-gard, dit-il, des contrats qui renfermaient quelque avantage fait à l'un des conjoints aux dépens de l'autre , les juriconsultes romains faisaient une dis-tinction entre ceux qui étaient simulés et ceux qui , sans être simulés , renfermaient quelque avantage. Ceux qui étaient simulés, qui n'étaient faits que pour couvrir ou déguiser une donation que l'un des conjoints voulait faire à l'autre, étaient *nuls*. Les autres étaient valables ; *on réformait seulement l'avantage prohibé qu'ils renfermaient.* » Ainsi, voilà bien la donation déguisée et la donation indirecte signalées, dans le droit romain, par des caractères particuliers, et sanctionnées par des peines différentes. Rien ne prouve qu'il en doive être autrement sous le Code. Au contraire, la loi est positive dans notre sens. On ne saurait invo-quer l'ancien droit où les avis des juriconsultes étaient très-partagés. Mais aujourd'hui nous avons un texte formel qui prononce la nullité pour les donations déguisées ou faites par personnes inter-posées, tandis qu'il déclare réductibles seulement

(1) *Traité des don. entre mari et femme*, n° 78.

les donations indirectes. Du reste, on trouve l'indication du système de nullité absolue dans la com-
munication qui fut faite du projet de loi au tribunat : « La simulation des actes, y est il dit, et l'interposition des personnes, seraient de vains subterfuges..... Dans ce cas, la donation sera *nulle* par
l'effet de la présomption légale seule, sans que
néanmoins les autres preuves de l'interposition soient
exclues à l'égard de ceux qui ne sont pas nominative-
ment désignés (1). » Ainsi d'après le rapporteur Jaubert, qui (chose importante à noter), est le seul qui se
soit occupé de la sanction pénale attachée à la
violation des dispositions relatives à la quotité disponible entre époux, ce n'est pas l'excédent de la donation, c'est la donation elle-même qui est *nulle*,
lorsqu'elle est simulée ou faite par personnes interposées. Et cela est fort juste, selon nous ; car,
par leur nature même, ces donations sont suspec-
tes ; elles sont presque toujours le résultat de la
captation ou de la suggestion ; et on conçoit que
le législateur ait cherché à les prévenir par une
pénalité plus efficace que celle qu'il attache aux
donations indirectes, lesquelles se font ouvertement
et au grand jour. On comprend aussi pourquoi des

(1) *V.* Fenet, XII, p. 622.

libéralités qui, faites à des étrangers, seraient valables dans les limites de la quotité disponible, sont entièrement nulles entre époux. La loi, ainsi que cela résulte de presque tous les articles de notre matière, a redouté souverainement l'influence des époux l'un sur l'autre; et comme elle a pensé que les fraudes seraient plus fréquentes entre eux qu'entre toutes autres personnes, elle a voulu, pour en détourner les conjoints, que les donations déguisées ne produisissent aucun effet.

Interpréter la loi dans un autre sens, c'est fournir aux époux un moyen facile d'éluder l'art. 1096. Ils n'auraient, pour se faire des donations irrévocables, qu'à les déguiser sous l'apparence d'un acte onéreux ou par une interposition de personnes, et ils échapperaient ainsi à la prohibition de la loi. Et cependant le législateur tient essentiellement à ce que les libéralités entre mari et femme puissent être révoquées. C'est dans l'intérêt même des époux, et pour les protéger contre leur faiblesse ou leur entraînement. Or, si l'on refuse d'annuler les actes dont nous nous occupons, la disposition de 1096 ne sert plus à rien, et les époux pourront à leur gré s'avantager irrévocablement.

Remarquons enfin que, si la loi n'avait pas entendu établir une différence entre les deux classes

de donations dont parle l'art. 1099, le second alinéa
de cet article serait alors sans objet, puisqu'il ne
ferait que reproduire la pensée qui est écrite dans
le premier.

Voyons maintenant comment raisonnent les auteurs qui n'admettent pas notre système, c'est-à-
dire qui prétendent que les libéralités faites entre
époux, au moyen d'une simulation d'acte onéreux
ou d'une interposition de personnes, ne sont pas
nulles, mais seulement réductibles comme toutes
autres.

Ils disent d'abord que les donations dont parle
le second alinéa de 1099, sont certainement des
donations indirectes; que le mot *indirectement* dont
se sert le premier alinéa a un sens générique qui
s'applique à toutes les donations qui ne sont pas
faites selon les formes prescrites par les art. 931 et
suiv., et par conséquent aux donations deguisées ou
faites à personnes interposées; qu'ainsi le deuxième
alinéa doit s'expliquer par le premier, en ce sens
que la donation déguisée est *nulle pour tout ce dont
elle excède la quotité disponible*. En un mot, selon
ces auteurs, la seconde partie de l'article n'est
que le développement et l'explication de la première.

Nous ne pouvons admettre cette doctrine. Il n'est pas supposable en effet, comme nous venons de le dire, que le législateur ait voulu, dans un même article, écrire la même règle dans deux alinéas successifs. Il n'est pas supposable que, pour exprimer que la donation était réductible, il ait dit qu'elle était nulle. Est-ce que jamais le Code a employé les expressions *nulle, annuler,* pour indiquer des cas de réduction? Dans toute la section 2me du chap. III des *donations,* dans l'art. 1496 et dans bien d'autres, on n'emploie jamais d'autres termes que *réduire* ou *retrancher.* Il est bien évident que, quand le Code dit, dans une première disposition, que les donations faites indirectement entre époux ne vaudront que dans les limites de la quotité disponible, il entend exprimer une autre idée quand il dit, dans une seconde disposition, que les dons déguisés ou faits à personnes interposées, seront nuls.

Nos adversaires appuient leur opinion sur l'art. 911, qui se sert aussi de l'expression *nulle,* pour la donation déguisée sous la forme d'un contrat onéreux, ou faite sous le nom de personnes interposées ; et ils font remarquer que, dans cette hypothèse, tout le monde reconnaît que la disposition n'est pas entièrement nulle, mais seulement pour ce qui excède

la capaci é du donataire. — La réponse est simple :
il n'y a pas d'analogie entre ces deux cas. Sans
doute, dans l'art. 911, la libéralité n'est nulle que
dans la limite de l'incapacité du donataire ; c'est
bien évident, puisque cet article ne déclare la disposition nulle, qu'en tant qu'elle s'adresse à un incapable, et que le donataire n'est plus incapable pour
ce qu'il peut recevoir. Mais dans notre art. 1099 ,
la libéralité déguisée, ou faite par personnes interposées, est déclarée nulle, en tant qu'elle s'adresse à
un époux ; et il est clair qu'il n'y a pas de degrés
dans la qualité d'époux, comme il y en a dans l'incapacité.

On invoque aussi , dans le système contraire ,
l'art. 843. Cet art. dit que les héritiers sont tenus
au rapport de tout ce qu'ils ont reçu du défunt
directement ou *indirectement*. Or , dit-on, la loi
entend évidemment embrasser toutes les libéralités
possibles quand elle parle des donations faites *indirectement* ; il faut entendre par là toutes les libéralités qui ne sont pas faites ouvertement, et par conséquent celles qui se font sous la forme d'un contrat
à titre onéreux ou par personnes interposées , aussi
bien que toutes les autres.— Selon nous , l'art. 843
est au contraire un argument contre nos adversaires.
En effet, cet article, quand il dit que les donations

indirectes seront soumises au rapport , n'a nullement en vue celles qui sont faites par simulation
d'actes onéreux ou par interposition de personnes,
puisque précisément elles sont dispensées du rapport par les art. 847, 848, 849 et 918.

Est-il nécessaire de réfuter un argument qui a
été produit, et qui consiste à dire que ce qui prouve
que le second alinéa de 1099 rentre nécessairement
dans le premier , c'est qu'on ne saurait trouver un
cas de libéralité indirecte qui ne soit faite par simulation d'un acte onéreux ou par personnes interposées ? ce n'est pas soutenable. Quand on renonce
à un legs ou à une succession à laquelle on est appelé conjointement avec sa femme, afin qu'elle re-
cueille la totalité, il n'y a ni interposition de personnes, ni simulation d'un acte onéreux. De même,
quand on vend un bien à sa femme, pour un prix
moindre de sa valeur , quoiqu'elle retire un bénéfice, si la vente est sérieuse , il n'y a pas là de dona
tion déguisée. Dans ces cas et bien d'autres, il y a
des libéralités indirectes régies par le premier
alinéa de 1099. Il est donc bien évident que le
Code a distingué les donations indirectes de celles
déguisées ou faites à personnes interposées ; et

dès lors, il est très naturel qu'il les ait soumises à une sanction différente (1).

Tous les moyens de preuves sont ouverts aux héritiers réservataires, pour établir que la donation est faite à personnes interposées, c'est-à-dire pour prouver que le donataire n'est qu'un prête-nom, et qu'il a été secrètement chargé de rendre la donation au conjoint du donateur. Mais comme cette preuve serait souvent, sinon impossible, au moins très-difficile, la loi indique elle-même une classe de personnes pour lesquelles il y aura présomption d'interposition ; de sorte que toutes les donations faites à l'une de ces personnes, seront réputées faites au conjoint par personnes interposées, et par conséquent nulles, sans qu'il soit même permis de prou-

(1) *V. Toullier*, V, 901.
Grenier, 890.
Delvincourt, II, p. 447 de l'explication.
M. *Dalloz*, ch. 12, sect. 4.
Arrêts. — *Angers*, 12 juin 1828, maintenu en *Cass.* 30 nov. 1831. (J. P. **XXIV**, 3ᵉ édit. p. 381).
Cass. 11 novembre 1834. (Sirey, 34, 1, 769).
Toulouse, 13 mai 1835. (J. P. **XXVII**, 3ᵉ édit. p. 182).
Paris, 14 août 1835. (*Id.* p. 556).
Cass. 29 mai 1838. (Sirey, 38, 1, 481).

ver qu'il n'y a pas interposition (1352). Ces personnes sont, d'après l'art. 1100, les enfants que
l'autre époux a eus d'un précédent mariage, et
tous les parents dont cet époux est l'héritier présomptif au moment de la donation.

Que veut dire la loi quand elle parle des *enfants
de l'autre époux issus d'un autre mariage?* Ces
mots doivent, à notre avis, se prendre dans un sens
explicatif : on doit entendre par là les enfants du
conjoint qui ne sont pas en même temps ceux du
donateur, les enfants qui ne sont pas nés du mariage
actuel, qui n'appartiennent pas en commun aux
deux époux. Mais il n'est pas nécessaire qu'ils
soient vraiment issus d'un mariage; on ne voit pas
en effet de motifs pour que l'interposition ne soit
pas présumée tout aussi bien, quand la libéralité
est faite à un enfant naturel, ou même à un enfant
adoptif, que quand elle est faite à un enfant né d'un
mariage légitime. On comprend pourquoi il n'y a
pas présomption d'interposition, lorsque la donation est faite à un enfant commun ; la qualité de
cet enfant justifie suffisamment la libéralité.

Les termes de l'art. 1100 prouvent que, pour
reconnaître s'il y a interposition de personnes, il
faut, avant tout, rechercher quelle a été l'intention
du disposant, et, par conséquent, se reporter au

moment où la libéralité a été faite, en faisant abs-
traction des événements postérieurs. Par conséquent,
si le conjoint du donateur est, à l'époque de la donation, l'héritier présomptif du donataire, la présomption d'interposition produit son effet, *encore
qu'il ne survive point au donataire*, c'est-à-dire,
d'après la pensée évidente de la loi, encore qu'il
ne devienne point l'héritier du donataire, quelle que
soit la cause qui l'empêche de succéder. Au contraire, si le conjoint du disposant n'est pas héritier
présomptif du donataire au moment de la donation,
la présomption d'interposition n'existe pas, bien,
qu'il lui ait succédé, parce qu'alors le donateur n'a
pas pu disposer, dans l'intention de faire passer
l'objet de la libéralité à son époux dans la succession
du donataire.

La loi, sévère pour les seconds mariages, surtout
quand il y a des enfants d'un autre lit, voit souvent
des avantages indirects dans des circonstances qui
n'en présentent pas en général. Quelle que soit la
cause qui enrichisse le second époux, si l'autre conjoint qui a des enfants d'une précédente union en
éprouve un *préjudice*(1), il y a lieu à l'application de

(1) Par *préjudice* il ne faut pas entendre comme à Rome seu-

l'article 1098. Ainsi, il faut appliquer cet article dans tous les cas où, du régime de communauté adopté par les époux, il peut résulter, en faveur du nouveau conjoint, des avantages supérieurs à ceux que la loi permet. Ces avantages peuvent naître par exemple de la confusion du mobilier et des dettes (art. 1496), de la stipulation de préciput au profit d'un nouvel époux (art. 1515), etc.

Parlons d'abord de la confusion du mobilier et des dettes. Supposons qu'une femme qui se remarie ayant des enfants d'un premier lit, apporte en communauté 50,000 fr. de mobilier; elle a, d'un autre côté, 25,000 fr. de dettes. Quant au mobilier qu'apporte le second mari, il ne vaut que 25,000 fr., et il a 50,000 fr. de dettes. Les dettes des deux époux tombent à la charge de la communauté. Toute compensation faite, la femme a mis réellement 25,000 fr. dans la communauté, et le mari l'a grevée au contraire de 25,000 francs de dettes ; il y a donc une différence de plus en moins d'une somme de 50,000 fr. Eh bien, que la femme accepte ou non la communauté, elle aura

lement la diminution du patrimoine, (Dig. *de don. inter vir. et ux.* l. 5, §§. 13, 14, 16); il faut entendre tout défaut de gain, par conséquent tout acte par lequel l'époux, ayant enfants, pourrait augmenter son patrimoine, et ne l'a pas fait pour avantager son conjoint.

avantagé son mari d'une somme de 25,000 fr. En effet, dans le cas d'acceptation, il y a une différence de 12,500 fr. en faveur du mari, à cause de l'inégalité des apports, et d'une pareille somme à cause de l'inégalité des dettes. Dans le cas de renonciation, la femme perd tout ce qui, de son chef, était entré dans la communauté; mais comme d'un autre côté, ses 25,000 fr. de dettes restent à la charge du mari ou de ses héritiers, il se trouve avantagé en réalité de 25,000 fr. Si donc, dans cette hypothèse, et d'après la fortune de la femme et le nombre de ses enfants, la somme de 25,000 fr. était supérieure à celle qui pouvait être donnée à un second mari, selon l'art. 1098, cette somme serait réduite. Dans tous les cas, elle devra être comptée; et en supposant que la femme pût donner à son nouvel époux 40,000 fr., elle ne pourrait lui faire valablement une donation directe que de 15,000 fr., puisque, du système de communauté adopté par les époux, il résulte déjà pour lui un avantage de 25,000 francs.

Doit-on, peur calculer la valeur des biens que les époux apportent en communauté, compter les successsions mobilières qui leur échoient pendant mariage? L'affirmative nous parait certaine. Le texte de loi est formel : l'art. 1496 porte, sans faire de distinction entre le mobilier apporté lors du mariage, et celui échu pendant le mariage, que les enfants du premier lit auront l'action au retranchement « *si la confusion du mobilier et des dettes opérait, au profit de l'un des époux, un avantage supérieur à celui qui est autorisé par l'art.* 1098. » Or, on ne peut nier que cette confusion n'existe pour le mobilier échu pendant le mariage, comme pour celui apporté lors du mariage. L'art. 1527 ne distingue pas davantage. Il porte : « *Toute convention qui tendrait dans ses effets à donner à l'un des époux au-delà de la portion réglée par l'art.* 1098, *sera sans effet pour tout l'excédant de cette portion.* » Or, la convention dont il s'agit a pour effet de faire entrer les successions mobilières dans la communauté, et par suite, tend bien à procurer un avantage au conjoint. Nous ne saurions donc adopter l'avis des auteurs qui ne s'attachent qu'à l'inégalité des apports lors du mariage ; cette doctrine est évidemment contraire au texte et à l'esprit de la loi.

D'après l'art. 1527, « *les simples bénéfices résultant des travaux communs et des économies faites sur les revenus respectifs, quoique inégaux des deux époux, ne sont pas considérés comme un avantage fait au préjudice des enfants du premier lit.* » On doit interpréter cette disposition en ce sens, que l'inégalité des revenus peut être compensée quand la communauté est partagée entre les époux, parce qu'on peut supposer dès lors que le nouveau conjoint, qui avait des revenus moins considérables, a pu enrichir la communauté par ses travaux et son économie. Mais il en est autrement lorsque l'époux qui s'est remarié, et qui avait les revenus les plus considérables, ne prend point part à la communauté, parce qu'il a été stipulé, en vertu de l'art. 1525, qu'elle appartiendrait en totalité au nouveau conjoint. Dans ce cas, il y a réellement avantage indirect, pour ce dernier, de toute la différence qui a existé entre les revenus respectifs; et dès lors il y a lieu à l'application de la première partie de l'article 1527.

L'industrie du nouvel époux peut-elle compenser l'excédant d'apport du conjoint ayant des enfants du premier mariage? Nous croyons qu'en principe il faut se prononcer pour la négative; car cette industrie, bien qu'étant une propriété, ne forme point un capital. Il peut survenir une foule d'événements qui privent le conjoint des moyens d'exercer son industrie. Cependant nous pensons que, dans certaines circonstances, la compensation pourrait avoir lieu : c'est une question de fait.

La clause de préciput au profit de la seconde femme peut également contenir un avantage pour elle, en considérant les apports respectifs des époux. L'art. 1516 dit bien que « *le préciput n'est pas regardé comme un avantage sujet aux formalités des donations, mais comme une convention de mariage;* » mais il n'en est pas moins vrai qu'au fonds il peut constituer une vraie libéralité. Il faudrait donc l'apprécier suivant les circonstances, en raison des apports des conjoints.

Quant à la stipulation d'une somme pour habits de deuil, elle ne doit pas être regardée comme un avantage, lorsqu'elle est renfermée dans des limites raisonnables et en rapport avec les facultés des parties. La somme allouée à la femme pour cet usage ne sera donc pas imputée sur la quotité disponible de l'art. 1098.

Disons en finissant que, quand même les époux n'auraient pas fait de contrat de mariage, les

art. 1496, 1527 et 1098 combinés n'en seraient
pas moins applicables; car ces époux auraient taci-
tement adopté le régime de la communauté légale :
c'est comme s'ils avaient fait une convention à cet
égard.

————

POSITIONS

TIRÉES DE LA THÈSE.

I — La quotité disponible fixée par l'art. 1094, 2ᵉ al., C. N., est la seule à laquelle le conjoint puisse jamais prétendre; les dispositions de l'art. 913 ne peuvent pas être invoquées par lui.

II. — L'art. 1094, 2ᵉ al., permet à l'époux de disposer au profit de son conjoint d'un quart en *pleine propriété* et un quart en usufruit, ou la moitié en usufruit.

III. — L'époux qui donne à son conjoint l'usufruit des biens dont la nue propriété fait partie de la réserve, ne peut pas dispenser ce conjoint de fournir caution.

IV. — La quotité disponible de l'art. 1098 ne peut être donnée qu'une fois, soit à un seul nouveau conjoint, soit à plusieurs.

V. — Lorsque l'action en réduction des libéralités excédant la quotité de 1098, s'est ouverte dans la personne des enfants du premier mariage, ceux du second lit en profitent ; et même, si les enfants du premier mariage n'exercent pas cette action, ceux du second peuvent l'exercer de leur chef.

VI.— Lorsque deux libéralités faites, l'une à un étranger, l'autre à un conjoint, ne dépassent pas par leur réunion le plus fort disponible, et qu'aucune d'elles ne dépasse son disponible propre , elles doivent être maintenues intégralement toutes les deux, quelque soit l'ordre dans lequel elles aient été faites.

VII. — La règle de l'art. 1099, C. N. doit être interprétée en ce sens que les libéralités indirectes entre époux sont seulement réductibles, tandis que celles faites au moyen d'une simulation d'acte oné-

reux ou d'une interposition de personnes sont ra-
dicalem ent nulles.

POSITIONS GÉNÉRALES.

DROIT ROMAIN.

I. — Les donations entre-vifs faites aux légitimaires ne doivent pas, en principe, être imputées sur
la légitime.

II. — L'occupation est un mode d'acquérir le
dominium ex jure quiritium des choses *mancipi*.

III. — L'acheteur évincé a droit au montant de
son intérêt actuel à conserver l'objet vendu.

IV. — La loi 56, § 8, Dig., *de verb. oblig.* ne
se réfère pas à l'hypothèse d'une novation.

DROIT FRANÇAIS.

DROIT CIVIL.

I. — Les donations entre époux dont parle l'art. 1096, C. N. sont de véritables donations entre-vifs.

II.—L'héritier renonçant n'a droit à la réserve, ni par voie d'action, ni par voie de rétention.

III. — On ne doit pas compter les héritiers renonçants pour calculer le montant de la réserve.

IV. — L'insolvabilité d'un donataire soumis à la réduction, est supportée proportionnellement par les donataires antérieurs et par les héritiers réservataires.

V. — L'obligation contractée pendant le mariage par une femme mariée sous le régime dotal peut, après la dissolution du mariage, être exécutée sur les biens dotaux.

DROIT PÉNAL.

I. L'accusé déclaré *non coupable* peut néanmoins être condamné à des dommages-intérêts envers la partie civile.

II. L'art. 380 du Code pénal ne se borne pas à affranchir des poursuites criminelles les personnes qu'il énumère; il efface le délit lui-même.

DROIT DES GENS.

I. La caution *judicatum solvi* peut être exigée par un défendeur étranger comme par un défendeur français.

II. Un français peut, à l'étranger, faire son testament en la forme française, devant le chancelier du consulat.

www.ingramcontent.com/pod-product-compliance
Lightning Source LLC
Chambersburg PA
CBHW072343200326
41519CB00015B/3643